Max und die Kinderrechte

Der Autor

Florian Müller, geboren 1973 in Zeven, studierte Soziale Arbeit in Bremen mit dem Schwerpunkt Musikpädagogik. Seitdem ist er als freier Musikpädagoge tätig. Neben der Tätigkeit als freier Musikpädagoge hat er angefangen auch Kinderlieder zu schreiben und im Dezember 2014 seine erste CD unter dem Titel „Alle Leinen Los" veröffentlicht. Es folgten weitere CDs unter anderem mit Liedern zu den Kinderrechten und drei musikalische Bilderbücher. Des weiteren hat Florian Müller einen Kinderrechte-Podcast unter dem Namen „Seid dabei" erstellt. Florian Müller ist verheiratet und hat zwei Kinder.
Mehr Informationen gibt es unter **www.florianmüller.net**.

Florian Müller

Max und die Kinderrechte

42 Kurzgeschichten
zu den Kinderrechten

Edition Falkenberg

Illustrationen: Juan Palacio

1. Auflage 2022

ISBN 978-3-95494-285-5

www.edition-falkenberg.de

Inhalt

I
Wann bin ich ein Kind?

„Herzlichen Glückwunsch“, sagt Papa leise. Max liegt in seinem Bett und ist noch gar nicht richtig wach. Papa greift nach seiner Gitarre und fängt an zu spielen. Er singt: „Herzlichen Glückwunsch, heute ist dein Tag, heute ist dein Geburtstag. Alle sind wir hier und darum feiern wir mit dir.“

Max reckt und streckt sich. „Ich hätte ja fast meinen Geburtstag verschlafen“, sagt er und schaut sich in seinem Zimmer um. „Jetzt bin ich ja schon fast erwachsen.“ Max grinst Papa schelmisch an. „Immerhin bin ich schon wieder ein Jahr älter geworden.“

„Das stimmt, aber weißt du denn auch noch, was uns Herr Paragraf vom Kinderschutzbund neulich erklärt hat?“, fragt Papa.

Max kann sich noch sehr gut daran erinnern. Vor einigen Tagen ist er mit Papa zusammen in die Stadt gefahren, um dort das Büro des Kinderschutzbunds aufzusuchen. Max wollte so gerne wissen, was die Kinderrechte sind und wie er diese bekommen kann. Herr Paragraf hat Max angeschaut, gelacht und gesagt: „Die kannst du nicht bekommen.“

Als Max das gehört hatte, wollte er eigentlich gerade sauer werden und sich beschweren: „Ich denke, die sind für alle Kinder da“, protestierte Max.

„Ja, aber du kannst sie nicht bekommen“, stellte Herr Paragraf fest, „weil du sie schon hast. Jedes Kind hat die Kinderrechte. Und zwar von Geburt an!“

„Pass auf, das ist so!“, sagte Herr Paragraf. Dann erzählte er ganz viel über die Kinderrechte. Und eben auch, dass alle Kinder die Kinderrechte schon von Geburt an besitzen.

„Papa, woher weiß ich eigentlich, wer ein Kind ist?“, will Max wissen.

„Pass auf“, sagt Papa, „das steht in Artikel 1 der Kinderrechte. Papa liest vor: *„Im Sinne dieses Übereinkommens ist ein Kind jeder Mensch, der das achtzehnte Lebensjahr noch nicht vollendet hat, soweit die Volljährigkeit nach dem auf das Kind anzuwendende Recht nicht früher eintritt.“*

„Okay, aber was heißt das denn jetzt in Kindersprache? Die Erwachsenensprache ist immer so kompliziert“, stöhnt Max.

„Tja, da hast du recht. Es bedeutet, dass es keinen genannten Starttag gibt. So wie Weihnachten immer am 24. Dezember ist oder Neujahr immer am 1. Januar. Da ja nicht alle Kinder am gleichen Tag geboren werden, gelten die Kinderrechte nicht ab einem bestimmten Tag im Jahr, sondern ab dem Tag deiner Geburt. Und zwar bis du deinen 18. Geburtstag feierst. Zumindest hier bei uns in

Deutschland. Mit 18 Jahren bist du laut Gesetz kein Kind mehr, sondern ein Erwachsener", erklärt Papa.

„Und Erwachsene brauchen keine Rechte?", fragt Max.

„Doch", antwortet Papa, „aber das sind keine Kinder-, sondern Erwachsenenrechte."

„Gibt es auch Länder, in denen Kinder schon früher oder erst später erwachsen werden?", fragt Max.

„Ja, es gibt Länder, in denen die Kinder schon mit 16 Jahren erwachsen sind, aber es gibt auch Länder, in denen das erst mit 19 oder 21 Jahren gilt."

„Und wenn ich so groß bin wie du oder wie Mama, bin ich dann auch ein Erwachsener?", fragt Max und klettert dabei auf einen Stuhl, um größer zu sein.

Mama kommt ins Zimmer und sieht Max, wie er auf dem Stuhl steht. „Da ist ja unser großes Geburtstagskind", sagt sie und stellt sich neben Max. „Jetzt bist du auf einmal so groß, dass ich dich im Stehen in den Arm nehmen kann. Ich muss mich ja gar nicht mehr herunterbeugen. Bist du denn über Nacht auf einmal erwachsen geworden?", fragt Mama.

„Jaaa!", ruft Max ganz laut. „Ich bin so groß wie du und deswegen bin ich jetzt auch ein Erwachsener. So einfach geht das."

„Nee, nee, nee! So einfach ist das eben nicht", bremst Papa Max' Begeisterung aus. „Erwachsensein hat nichts mit der Körpergröße zu tun."

„Ach schade“, sagt Max etwas enttäuscht und hüpft von dem Stuhl herunter. „Können wir frühstücken? Ich habe Hunger!“

„Gute Idee. Und danach fahre ich zur Arbeit. Denn die Erwachsenen müssen leider auch arbeiten und können nicht den ganzen Tag spielen. Kinder, und vor allem Geburtstagskinder, dürfen hierbleiben und genau das tun.“

Mama, Papa und Max gehen in die Küche. Immer, wenn einer aus der Familie Geburtstag hat, wird der Frühstückstisch ganz besonders gedeckt. Heute schmücken ihn Blumen, Luftschlangen und eine Kerze. Nach dem Frühstück ist noch Zeit, die Geschenke auszupacken. Dann muss Papa zur Arbeit, leider, wie Max findet. Eigentlich wäre der Geburtstag noch viel schöner, wenn die ganze Familie an diesem Tag zusammen sein könnte. „Wenn ich erwachsen bin, dann habe ich immer frei, wenn meine Kinder Geburtstag haben. Aber das dauert ja noch ein bisschen. Bis dahin bleibe ich einfach ein Kind!“

2
Für alle Kinder gelten die gleichen Rechte

Max und Papa sitzen im Wohnzimmer und spielen gemeinsam Mensch ärgere dich nicht, als Papa fragt: „Wolltest du nicht eigentlich heute mit Johanna spielen?"

„Ja, aber die hat keine Zeit, sie muss doch zum Fußballtraining", sagt Max.

„Ach so", sagt Papa und bohrt doch nochmal nach: „Ich denke, Johanna darf nicht Fußball spielen. Ihr Trainer war doch dagegen, weil sie ein Mädchen ist."

„Das stimmt", sagt Max, „aber Johanna hat ihrem Trainer von den Kinderrechten erzählt und auch davon, dass kein Kind diskriminiert werden darf. Und jetzt darf sie eben Fußball im Verein spielen. Deswegen hat sie heute keine Zeit für mich."

Papa und Max spielen weiter, als Max plötzlich fragt: „Papa, was ist eigentlich diskriminieren?"

Papa guckt Max an und überlegt. „Das Wort kommt auch in den Kinderrechten vor. Ich gehe mal eben in mein Arbeitszimmer und lese das am Computer nach. Kommst du mit?", fragt Papa und geht nach nebenan. Max läuft hinterher.

„Guck mal, hier steht es." Papa liest vor: *„Artikel 2: Die Vertragsstaaten achten die [...] Rechte und gewährleisten sie jedem [...] Kind ohne Diskriminierung unabhängig von der Rasse, der Hautfarbe, dem Geschlecht, der Sprache, der*

Religion, der politischen oder sonstigen Anschauung, der nationalen, ethnischen oder sozialen Herkunft, des Vermögens, einer Behinderung, der Geburt oder des sonstigen Status des Kindes, seiner Eltern oder seines Vormunds."

„Das klingt gut, aber was soll das heißen?", fragt Max. „Das ist schon wieder in Erwachsenensprache geschrieben. Was bedeutet das denn in Kindersprache? Oder in Erklärsprache?"

„Hmm", murmelt Papa vor sich hin. „Überlegen wir mal. Wo könnte es Ungerechtigkeiten geben?"

„Bei Johanna und ihrem Fußballverein!", sagt Max ganz schnell. „Ja, das wissen wir ja schon. Ich meine vielleicht noch was anderes. Etwas, an das wir noch nicht gedacht haben." Max und Papa überlegen jetzt gemeinsam.

„Ich weiß es nicht", sagt Max, dem gerade einfach nichts einfallen will. „Was meinst du denn mit Ungerechtigkeiten? Wie ist das in den Kinderrechten gemeint?"

„Hier steht, dass alle Kinder gleichbehandelt werden müssen. Ganz egal, ob sie Jungen oder Mädchen sind, groß oder klein, dick oder dünn, arm oder reich, eine helle oder eine dunkle Hautfarbe haben. Egal aus welchem Land sie kommen, welchen Glauben sie haben oder welche Sprache sie sprechen. Allen Kindern muss es ermöglicht werden, an Angeboten teilzunehmen. Sie dürfen nicht einfach ausgegrenzt werden und bei irgendetwas nicht mitmachen, weil sie vielleicht anders als wir sind. Da darf es keine Ausnahme geben“, erklärt Papa, während sie wieder ins Wohnzimmer gehen.

„Aber Papa, das geht doch gar nicht! Manche Kinder können ja unsere Sprache nicht, weil sie aus einem anderen Land kommen. Die können bei manchen Spielen gar nicht mitmachen. Zum Beispiel, wenn wir ein Spiel machen, bei dem wir uns Bewegungen zurufen. Wie soll das denn gehen?“, fragt Max.

„Das ist ein gutes Beispiel. Die Kinder können nicht mitspielen, weil sie unsere Sprache nicht beherrschen. Das heißt, sie werden aus dem Spiel ausgegrenzt, und das ist eine Form von Diskriminierung. Also laut den Kinderrechten nicht erlaubt. Hast du denn eine Idee, was ihr machen könntet, damit die Kinder trotzdem mitspielen können?“

„Vielleicht könnten wir das Spiel verändern“, überlegt Max. „Wir würden dann einfach den anderen Kindern zeigen, was wir machen müssen. Wenn also eigentlich gerufen wird, dass alle krabbeln sollen, könnten wir das den anderen vormachen.“

„Genau! Und wenn dazu das Wort gesagt wird, wie diese Bewegung heißt, können die Kinder dabei auch noch unsere Sprache lernen. Und schwuppdiwupp, können die Kinder mitspielen und werden nicht diskriminiert.“

„Das ist gut“, sagt Max. „Aber jetzt lass uns bitte weiterspielen. Ich bin dran und schmeiße dich raus.“

3
Alles, was wir für euch tun

Max und Papa sitzen zusammen in der Küche und trinken Kaffee und Kakao. Dabei essen sie Kekse und schauen aus dem Fenster in den Garten. Auf dem Tisch liegt ein großes Blatt Papier, auf dem ein Turm gezeichnet ist. Genau so einen Turm wollen Max und Papa im Garten bauen. Einen Turm zum Klettern, der aber auch ein bisschen Schutz bietet, wenn es mal regnet.

„Papa, eigentlich müsste jedes Kind einen solchen Turm bei sich im Garten haben. Einen Turm, der jedem Kind Schutz gibt. Dann würde es allen Kindern gutgehen!", überlegt Max.

Papa guckt sich die Zeichnung genau an.

„Hmmm", murmelt Papa und denkt darüber nach. „Tja, aber würde das reichen, wenn jeder einen solchen Turm im Garten hätte? Es sind doch die Erwachsenen, die für euch Kinder entscheiden müssen. In welchen Kindergarten gehst du, in welche Schule kommst du im Sommer, wo und wie wohnen wir. Und so weiter und so weiter."

Max versteht kein Wort, von dem, was Papa da vor sich hin murmelt. „Wie meinst du das?", fragt Max.

„Lass uns doch mal nachdenken. Du hast bald einen Kletterturm im Garten. Dein Sicherheitsturm! Wenn da alle

Pfosten und Bretter zusammenhalten, bist du auf diesem sicher. Aber was passiert, wenn ein großes Bodenbrett fehlt?"

„Dann ist mein Turm nicht mehr sicher! Das ist ja klar. Und dann fühle ich mich da nicht mehr wohl."

„Genau! Wenn also jedes Kind einen solchen Turm bei sich im Garten hat, sind die Kinder trotzdem nur sicher, wenn sich auch die Erwachsenen an die Regeln halten. Also, wenn alle Bretter und Pfosten befestigt sind", erklärt Papa.

„Ah", sagt Max, der jetzt eine Ahnung hat, worauf Papa hinaus will. „Du meinst also, dass die Erwachsenen immer danach gucken müssen, ob es uns Kindern auch gut geht, und wir sicher sind bei dem, was sie entscheiden?"

„Genau! Wir Erwachsenen müssen so entscheiden, dass es für euch Kinder so gut wie nur irgend möglich ist. Das steht im Artikel 3 der Kinderrechte: *Bei allen Maßnahmen, die Kinder betreffen, [...] ist das Wohl des Kindes ein Gesichtspunkt, der vorrangig zu berücksichtigen ist. Die Vertragsstaaten verpflichten sich, dem Kind unter Berücksichtigung der Rechte und Pflichten seiner Eltern [...] den Schutz und die Fürsorge zu gewährleisten, die zu seinem Wohlergehen notwendig sind [...]*"

„Das reicht Papa. Kannst du das bitte so erklären, dass ich das auch verstehe?"

„Komm, wir gehen nach draußen, dorthin, wo der Kletterturm stehen soll", sagt Papa und ist schon auf dem Weg.

Im Garten beginnt Papa zu erklären: „Stell dir den Turm mal ganz genau vor. Es gibt viele verschiedene Teile, die dafür wichtig sind, dass du den Turm sicher benutzen kannst. Die Leiter hat Sprossen. Alle diese Sprossen müssen fest sein, damit du sicher nach oben auf den Turm kommst. Oben gibt es verschiedene Bodenbretter und Seitenteile. Die sollen dich schützen."

„Denn wenn ich mich da oben wohlfühle, habe ich auch Spaß. Und wenn ich unsicher bin, habe ich kein gutes Gefühl", führt Max Papas Erklärung weiter.

„Ja, und deswegen ist es auch so wichtig, dass immer auf das Wohl der Kinder geachtet wird. Egal, was entschieden wird. Denn wenn ihr Kinder euch wohlfühlt, könnt ihr mit den Entscheidungen der Erwachsenen auch gut leben. Und automatisch geht es euch gut."

Während Max und Papa sich über das Wohl der Kinder unterhalten haben, haben sie sich Gartenstühle von der Terrasse geholt und sie dort hingestellt, wo der Kletterturm stehen soll. Nun sitzen sie da und gucken sich den Garten an.

„Das wird ein richtig guter Turm", sagt Max. „Wollen wir heute hier, wo der Turm bald steht, Abendbrot essen?"

„Das können wir gerne machen. Und wenn du willst, können wir demnächst, wenn der Turm fertig ist, auch hier oben schlafen“, schlägt Papa vor.

„Juhu, auf dem Turm schlafen! Das ist eine super Idee. Aber dafür müssen wir nun loslegen. Wir brauchen ganz viel Werkzeug und Baumaterial. Und wir müssen endlich anfangen, den Turm zu bauen, damit ich ganz schnell hier oben schlafen kann“, sagt Max und stellt sich dabei auf seinen Stuhl, um das Gefühl zu haben, er wäre schon auf dem Kletterturm. „Und wenn wir hier schlafen, brauche ich ein Kopfkissen und eine Decke. Oder besser noch einen Schlafsack. Und meine Kuscheltiere müssen auch alle mit hierher. Dann noch eine Taschenlampe, falls ich mal zum Klo muss. Und ein Buch zum Vorlesen, das muss auch unbedingt sein.“

„Jaja, aber jetzt brauchen wir erstmal einen dritten Stuhl und einen Tisch“, sagt Papa. „Wenn wir alles vorbereitet haben, rufen wir Mama dazu. Dann können wir hier gemeinsam Abendbrot essen und Mama von unserem Plan erzählen.“

Und so läuft Max noch ganz oft hin und her und bereitet ein richtig schönes Abendbrotplätzchen für Mama, Papa und sich.

4
Wir meinen es ernst mit den Kinderrechten

Max und Papa sind im Garten und wollen die Pfosten für Max' neuen Spielturm eingraben. Dafür hat Papa auch schon ein tiefes Loch in die Erde gegraben.

„Hier kommt der erste Pfosten rein", sagt er zu Max. „Für die anderen drei Pfosten brauchen wir auch noch Löcher. Dort, wo ich Stangen in die Erde gesteckt habe. Kannst du damit schon mal anfangen?"

„Na gut", antwortet Max. „Dann kann ich schon mal den Beton vorbereiten", sagt Papa. „So wird der Turm richtig fest und kann nicht mehr wackeln."

Als alle vier Pfosten mit Beton in der Erde eingegossen sind, sagt Papa: „Wir müssen noch unsere Namen in den weichen Beton schreiben. Dann können auch noch in hundert Jahren die Menschen sehen, dass wir beide diesen Beton gegossen haben." Sie schreiben ihre Namen mit einem Stock in den weichen Beton und machen noch jeder einen Handabdruck.

„Komm lass uns reingehen. Hier können wir erstmal nichts mehr machen. Der Beton muss aushärten. Morgen können wir weiterbauen. Dann haben wir ein richtig festes Fundament."

Max und Papa gehen ins Haus und waschen sich die Hände.

„Lass und Kaffee und Kakao trinken", sagt Papa. „Und dazu noch Kekse", ergänzt Max.

„Papa", überlegt Max, „was bedeutet es eigentlich, wenn etwas in Beton gegossen wird?"

„Das bedeutet, dass etwas superfest gemacht ist, und dass daran keiner mehr ruckeln und es verändern kann. Wenn morgen die Betonfüße fest sind, ist der Turm auch in Beton gegossen. Dann können wir den nicht einfach so umwerfen. Er steht dann ganz sicher!"

„Herr Paragraf vom Kinderschutzbund hat doch gesagt, dass die Kinderrechte in Beton gegossen worden sind. Aber ich kann doch die Kinderrechte gar nicht in die Hand nehmen und daran rumwackeln", meint Max.

„Ah, jetzt weiß ich, worauf du hinauswillst. Herr Paragraf hat das wegen des vierten Artikels der Kinderrechte gesagt. Da wird doch beschrieben, dass die Länder alles dafür machen müssen, dass die Kinderrechte eingehalten werden. Herr Paragraf vergleicht dies mit etwas, das in Beton gegossen wird. Die Staaten sollen die Kinderrechte also so fest machen, dass keiner diese mehr verändern oder verrücken kann.

Ganz genau klingt das so: *Artikel 4: Die Vertragsstaaten treffen alle geeigneten […] Maßnahmen zur Verwirklichung der [...] Rechte. Hinsichtlich der wirtschaftlichen, sozialen und kulturellen Rechte treffen die Vertragsstaaten derartige Maßnahmen unter Ausschöpfung ihrer verfügbaren Mittel und erforderlichenfalls im Rahmen der internationalen Zusammenarbeit*", liest Papa vor. „Irgendwie ist das ganz schön kompliziert", sagt Max und geht lieber spielen.

Am nächsten Morgen gehen Max und Papa wieder in den Garten, um an dem Kletterturm weiterzubauen. Max schaut sich erstmal die Pfähle an, die sie gestern in Beton gegossen haben. Er fasst einen der vier Pfosten mit beiden Händen an ruckelt an ihm. „Papa, der kann sich noch ein bisschen bewegen. Das ist aber nicht so gut", sagt Max.

„Dann versuch doch mal, ob du unsere Namen noch wegwischen kannst", antwortet Papa. Max nimmt seine Hand und wischt über den mittlerweile festen Beton. Weder die Schrift noch die Handabdrücke lassen sich verändern. „Das ist richtig fest!", staunt Max. „Und so ist das auch, wenn die Kinderrechte in Beton gegossen werden. Die sind einfach betonfest und man kann nichts mehr ändern", erklärt Papa.

„Aber der Pfosten wackelt immer noch etwas, Papa", sagt Max und ruckelt noch einmal an ihm.

„Das stimmt. Der Beton ist dafür da, dass die Füße ganz fest auf dem Boden, oder wie hier, in der Erde stehen. Damit sie sich überhaupt nicht mehr bewegen können, verbinden wir die einzelnen Pfosten miteinander. Dann wird alles verschraubt und hält bombenfest!"

„Ich verstehe", sagt Max. „Nur, wenn wir alle Teile zusammengebaut haben, wird der Turm superfest."

„Genau, und so ist das auch mit den Kinderrechten. Es reicht nicht, einfach alles in Beton zu gießen. Erst wenn alle Artikel miteinander verbunden sind, wird aus den einzelnen Artikeln der Kinderrechte ein super Sicherheitsturm.

„Papa, ich möchte auch einen solchen super Sicherheitsturm. Können wir meinen Turm zu einem super Sicherheitsturm machen? Vielleicht wie am Meer. Ein Leuchtturm!", freut sich Max und ist auf einmal ganz aufgeregt.

„Das machen wir. Ein Leuchtturm der Kinderrechte!"

Max und Papa schrauben, bauen und streichen den Turm noch so lange weiter, bis Max einen rot-weiß gestreiften Turm der Kinderrechte im Garten stehen hat.

5
Eltern haben das Recht und die Pflicht, ihre Kinder zu erziehen

„Guten Morgen", sagt Papa noch etwas verschlafen, als er aufwacht und Max ansieht. Max und Papa haben auf dem Leuchtturm der Kinderrechte übernachtet, den sie in den letzten Tagen gemeinsam gebaut und hier im Garten aufgestellt haben.

„Siehst du, Poldi", sagt Max zu seinem Kuschelbären und schaut ihm dabei ernst in die kleinen Knopfaugen. „So möchte ich das haben. Wenn einer irgendwo hereinkommt oder wir uns zum ersten Mal sehen an einem Tag, sollen wir uns begrüßen. Das ist eigentlich nicht schwer, oder?" Max bewegt Poldis Kopf vorsichtig von links nach rechts, so, als würde Poldi seinen Kopf schütteln.

Papa guckt Max etwas verwundert an und fragt: „Was ist denn hier los? Habt ihr beide euch gestritten?"

„Nein", sagt Max mit verstellter Stimme und bewegt Poldi dabei. „Ich soll *Guten Morgen* oder *Hallo* sagen, wenn wir irgendwo zum ersten Mal an einem Tag ankommen."

Max spricht mit seiner Stimme weiter. „Genau, denn es ist einfach aufmerksam und höflich, wenn wir uns begrüßen. Nicht einfach stur aneinander vorbeilaufen. Und weil ich doch der Papa von Poldi bin, muss ich Poldi das alles beibringen. Also, ähm, wie heißt das denn noch mal, was die Eltern mit den Kindern machen sollen? Das hatte uns Herr Paragraf doch erzählt."

„Ach, du meinst, dass die Eltern das Recht und die Pflicht haben, ihre Kinder zu erziehen?"

„Ja, genau! Aber was bedeutet das denn eigentlich ganz genau, erziehen? Im Kindergarten gibt es doch auch Erwachsene, unsere Erzieherinnen und Erzieher. Müssen die auch so etwas machen?"

Papa reckt und streckt sich erst einmal. Er hat nicht damit gerechnet, dass so früh am Morgen schon so schwierige Fragen gestellt werden. „Komm, lass uns mal ins Haus gehen. Wir brauchen erstmal ein gutes Frühstück."

„Oh ja", sagt Max „und das bringen wir hier nach oben auf den Leuchtturm der Kinderrechte. Denn von hier aus können wir alles gut überblicken!"

Max und Papa gehen ins Haus und stellen alles, was sie für ihr Frühstück brauchen, auf ein Tablett. Papa kocht sich einen Kaffee. Dabei schaut er noch einmal nach, was genau in den Kinderrechten steht und liest vor: *„Artikel 5: Die Vertragsstaaten achten die Aufgaben, Rechte und Pflichten der Eltern [...], das Kind bei der Ausübung der [...] Rechte in einer seiner Entwicklung entsprechenden Weise angemessen zu leiten und zu führen."*

Papas Kaffee ist fertig und alles andere, was sie noch für das Frühstück brauchen, ist auch schon auf dem

Tablett im Bollerwagen, mit dem sie alles in den Garten fahren.

Max und Papa sitzen oben auf dem Leuchtturm und frühstücken. „So, und was heißt das jetzt, was du mir da eben vorgelesen hast?“, fragt Max.

„Das bedeutet, dass ich als dein Vater darauf achten muss, dass du gut und deinem Alter entsprechend aufwachsen kannst. Wenn du also noch klein bist und noch nicht sprechen kannst, muss ich dafür sorgen, dass du sprechen lernst. Sprechen solltest du können, wenn du in den Kindergarten kommst. Dann kannst du dich mit den anderen Kindern verständigen. Also, alles was du lernen solltest, damit du gut zurechtkommst, muss ich unterstützen. Natürlich solltest du es erst lernen, wenn es zu deinem Alter passt.“

Max schaut Poldi an und sagt zu ihm: „Siehst du Poldi, du musst machen, was ich dir sage.“

„Ja, aber nur, wenn es für Poldi gut ist“, ergänzt Papa noch. „Ich darf von dir nichts verlangen oder dich in eine Richtung versuchen zu erziehen, die nicht gut für dich ist. Wir müssen also bei unserer Erziehung immer darauf achten, dass das Wohl des Kindes an erster Stelle steht.“

„Und warum heißen die Erwachsenen im Kindergarten denn eigentlich Erzieherinnen und Erzieher? Die sind doch gar nicht meine Eltern“, fällt Max gerade auf.

„Das ist ihr Beruf. Sie werden so bezeichnet, weil sie von uns Eltern die Kinder anvertraut bekommen. Wir geben euch ja im Kindergarten morgens ab. Und alles, was dann im Kindergarten passiert, ist auch eine Form von Erziehung. Ob die Erwachsenen nun mit euch spielen, Übungen machen, Ausflüge unternehmen oder was ihr sonst noch so im Kindergarten macht. Ihr werdet groß, erlebt viel und seid gut auf den nächsten Schritt, die Schule, vorbereitet. So werden wir Eltern unterstützt."

Poldi guckt Max an und flüstert ihm etwas ins Ohr. Max guckt Poldi an und sagt dann: „Na gut Poldi, können wir machen. Und vielleicht kannst du ja auch etwas dabei lernen."

Max nimmt Poldi auf den Arm und geht mit ihm nach unten. „Poldi möchte etwas spielen. Kannst du die ganzen Sachen vom Frühstück bitte wieder ins Haus bringen? Denn Poldi und ich haben jetzt etwas Wichtiges vor."

Papa sieht Max an, der schon unten auf dem Rasen steht, und nickt. „Na klar, kann ich machen. Es ist eh nicht gut für dich, mit den Frühstückssachen in der Hand die Leiter herunterzugehen. Wenn wir hier öfter mal essen wollen, sollten wir noch einen Flaschenzug anbauen. So können wir die Sachen immer im Korb hochziehen."

6

Alle haben ein Recht auf Leben

Das ist ja auch gar nicht schwer: Einfach aufs Fahrrad, die Straße runter bis zur zweiten Kreuzung, dort links abbiegen, weiter um die scharfe Kurve, dann das dritte Haus auf der linken Seite, da wohnt Opa.

Als Max bei Opa ankommt, sieht er ihn schon im Garten. Opa hat einen sehr großen Garten. Hier gibt es viele verschiedene Gemüse- und Blumenbeete. Um das ganze Grundstück hat Opa Büsche und Sträucher angepflanzt. Das ist aber schon länger her und deswegen sind diese ganz schön gewachsen und bilden einen richtigen Busch- und Sträucherring um den Garten von Opa.

Als Max bei ihm ankommt, ist dieser gerade dabei, neue Vogelkästen an den Mauern des Hauses und in den Büschen aufzuhängen.

„Ah, da ist ja mein kleiner Sonnenschein!“, sagt Opa immer, wenn Max zu Besuch kommt.

„Aber Opa, ich bin doch nicht mehr klein. Das hatten wir doch letztes Mal schon besprochen. Ich bin doch jetzt schon groß“, entgegnet Max.

„Ach ja! Da ist ja mein großer Sonnenschein“, wiederholt Opa seine Begrüßung.

„Was machst du da?“, fragt Max.

„Ich hänge Nisthilfen für die Vögel auf. Dort können sie einziehen und ihre Jungen großziehen“, erklärt Opa.

„Kann ich dir dabei helfen?“, fragt Max.

Aber natürlich kann Max helfen. Er klettert auf die Leiter und hängt die Vogelhäuschen an die dafür vorbereiteten Nägel an der Wand. Opa hat im Winter viele von diesen kleinen Häuschen gebaut. Jetzt werden sie alle im Garten verteilt. Manche kommen auch in die Bäume, je nachdem, wo noch Platz ist.

Als Max und Opa fertig sind, sagt Opa: „Komm, wir machen eine Pause, setzen uns auf die Terrasse und schauen mal, ob die Vögel schon einziehen wollen. Möchtest du was trinken?“

Max nickt und weiß ganz genau, dass Opa sein Lieblingsgetränk kennt. Opa geht ins Haus und holt zwei Gläser mit Holunderblütenlimonade. Die hat er im letzten Jahr selbst angesetzt und Max liebt sie.

„Opa, warum hängst du denn eigentlich so viele Vogelhäuschen auf?“, will Max wissen.

„Das mache ich, damit die Vögel einen sicheren Ort haben, an dem sie ihre Jungen aufziehen können. Denn auch alle Vögel haben ein Recht auf Leben. Hier sind die Vogelkinder vor anderen Tieren geschützt, die sich sonst die Küken aus den Nestern schnappen würden“, erklärt Opa.

Max und Opa sitzen noch lange auf der Terrasse und schauen den Vögeln dabei zu, wie sie die neuen Behausungen erkunden.

Am Abend fährt Max mit dem Fahrrad wieder nach Hause. Beim Abendbrot erzählt er Mama und Papa von den Vogelhäuschen.

„Jaja, der Opa“, sagt Papa. „Der meint es immer gut mit den Tieren. Aber das ist auch wichtig. Opa hat ein so großes Grundstück, auf dem er viele Vogelkästen aufhängen kann.“

„Papa, Opa hat erklärt, dass auch jeder Vogel ein Recht auf Leben hat. Wie meint er das denn?“, fragt Max.

Papa überlegt kurz. „Lass uns mal erst Abendbrot essen und dann lesen wir das nach.“

Nach dem Abendbrot flitzen Papa und Max schnell in Papas Arbeitszimmer und kommen mit einem Zettel in der Hand wieder.

„Mama, pass mal auf. Papa hat da was gefunden“, ruft Max eifrig. Papa liest vor: *„Artikel 6: Die Vertragsstaaten erkennen an, dass jedes Kind ein angeborenes Recht auf Leben hat. Die Vertragsstaaten gewährleisten in größtmöglichem Umfang das Überleben und die Entwicklung des Kindes.“*

„Aha“, sagt Mama, „dann ist Opa wohl einer der Vertragsstaaten und hat beschlossen, dass auf seinem Grundstück alle Vögel mit ihrer Geburt ein Recht auf Leben haben.“

„Und weil für Opa die Rechte in seinem Gartenstaat sehr wichtig sind, unternimmt er alles, was in seiner Macht steht, damit dort die Küken überleben können und nicht von anderen Tieren gefressen werden“, erklärt Papa weiter.

„Können wir auch so ein Vertragsstaat für die Vögel sein?“, fragt Max ganz vorsichtig.

„Wie meinst du das?“, hakt Mama nach.

„Naja, so, dass wir auch Vogelhäuschen aufhängen und so für die Küken das Überleben sichern“, erklärt Max seine Idee.

„Na klar!“, stimmt Papa zu. „Dann müssen wir aber erstmal damit anfangen, Vogelhäuschen zu bauen.“

„Ich habe eins von Opa geschenkt bekommen“, freut sich Max. „Damit können wir ja schon mal anfangen und dann bauen wir einfach morgen früh noch mehr. Die hängen wir im Garten und an meinem Leuchtturm der Kinderrechte auf. Da passen die sowieso super hin“, erklärt Max.

„Und damit du fit für den Wohnungsbau bist, gehen wir alle ins Bett. Was hältst du davon?“, fragt Mama. Max ist einverstanden.

Als Max schon im Bett liegt und Mama und Papa noch einmal kommen, um Gute Nacht zu wünschen, sagt er auf einmal: „Papa du musst mir versprechen, dass wir morgen die Vogelhäuschen bauen.“

„Alles klar“, antwortet Papa „versprochen ist versprochen und wird nicht gebrochen“, kommen die Worte bei beiden wie aus einem Mund.

„Gute Nacht“, sagen alle drei zugleich.

7
Jedes Kind hat das Recht auf einen Namen

Nach dem Frühstück geht es los. Zuerst müssen Max und Papa das Material zusammensuchen. Zum Glück hat Papa eine Werkstatt, in der er viele Holzreste aufhebt, die von anderen Bauten übrig geblieben sind. Hier finden sie verschiedene Bretter und Hölzer. Max weiß auch schon ganz genau, was sie für das Bauen der Vogelhäuschen brauchen, denn er hat sich ja gestern bei Opa alles angeschaut. Und dann geht es los. Sie müssen sägen, bohren, hämmern, leimen und alle Bretter gut zusammenbauen, denn: „Die Vögel sollen ja ein gemütliches Zuhause bekommen“, sagt Max.

Am Ende haben Max und Papa sieben Häuschen gebaut. Und diese wollen sie jetzt aufhängen, so wie Opa es gestern gemacht hat. Dafür gehen sie in den Garten.

„Papa, guck mal“, ruft Max von seinem Leuchtturm herunter. „Was glaubst du, ist das hier ein guter Platz?“, und hält eines der Vogelhäuschen an den Turm.

„Ich glaube, es ist ein super Platz“, sagt Papa und klettert zu Max hinauf.

„Dann müssen wir einen Nagel in den Balken schlagen, an dem wir das Häuschen aufhängen können.“ Er hält Max einen langen Nagel und einen Hammer hin: „Willst du?“, fragt er. Aber Max möchte lieber nicht.

„Denn wenn du dir mit dem Hammer auf den Daumen haust, tut mir wenigstens nichts weh“, schmunzelt er.

So befestigen sie gemeinsam ein Vogelhäuschen nach dem anderen: am Leuchtturm der Kinderrechte, in den Bäumen und am Haus, bis alle aufgehängt sind.

„Komm Papa“, sagt Max, „wir setzen uns auf die Terrasse. Dann können wir beobachten, ob schon Vögel einziehen.“ Es dauert ein bisschen und dann sieht Max, wie der erste Vogel in den Vogelkasten am Leuchtturm hineinschlüpft.

„Papa, hast du gesehen? Da ist eine Meise in mein Häuschen geflogen. Die zieht da bestimmt ein“, freut sich Max, „und legt Eier und aus den Eiern schlüpfen später kleine Küken.“

„Oh ja, das wird ein Spaß, wenn die ganzen kleinen Vogelküken hier im Garten herumhüpfen“, freut Papa sich mit.

„Wir müssen allen einen Namen geben, sonst können wir sie ja gar nicht auseinanderhalten“, meint Max. Dann fragt er: „Muss eigentlich jedes Kind einen Namen bekommen, oder gibt es auch Kinder ohne Namen?“

„Hm, das ist eine gute Frage!“, überlegt Papa. „Also, es hat auf jeden Fall einen Sinn, wenn alle einen Namen haben. Denn wie soll ich ein Kind ansprechen, wenn es keinen Namen hat?“

In diesem Moment kommt Mama zu den beiden in den Garten und erzählt, dass gegenüber bei den Meyers in der letzten Nacht ein Baby geboren wurde. Allerdings hat es noch keinen Namen. „Sie haben gesagt, dass sie sich noch nicht ganz sicher sind, wie das Kind heißen soll."

„Muss das Baby denn einen Namen bekommen?", fragt Papa auf einmal.

„Wie meinst du das?", fragt Mama etwas verwirrt zurück.

„Naja", sagt Max, „Papa und ich haben gerade darüber gesprochen, dass jedes Vogelküken, das hier geboren wird, einen Namen bekommen sollte, damit wir sie besser auseinanderhalten können. Dann haben wir überlegt, ob jedes Kind einen Namen bekommen muss."

„Guck mal", sagt Mama, „in Artikel 7 der Kinderrechte steht ja Folgendes: *Das Kind ist unverzüglich nach seiner Geburt in ein Register einzutragen und hat das Recht auf einen Namen von Geburt an, das Recht, eine Staatsangehörigkeit zu erwerben, und, soweit möglich, das Recht, seine Eltern zu kennen und von ihnen betreut zu werden."*

„Und was bedeutet das jetzt ganz genau?", will Max wissen.

„Also", beginnt Papa, „stellen wir uns mal vor, dass unser Garten ein eigenes Land ist, in dem die Vögel wohnen. Dann haben alle Küken das Recht, von den Eltern einen Namen zu bekommen. Aber dieser Name wird nicht einfach nur verkündet, sondern er wird in das Geburtsregister eingetragen. Dort ist auch vermerkt, in welchem Land das Küken geboren wurde. Dafür hat man aber immer ein paar Tage Zeit", erklärt Papa.

Mama ergänzt noch: „Wenn Meyers sich also sicher sind, wie ihr Kind heißen soll, gehen sie zum Standesamt und melden dort ihr Kind an, mit Vor- und Nachnamen. Außerdem wird dazugeschrieben, dass das Kind hier in Deutschland geboren wurde und deswegen die deutsche Staatsangehörigkeit hat."

„Ach so!", sagt Max, „ich kann aber ja noch gar nicht schreiben. Vielleicht brauchen die Vögel ja solch ein Register gar nicht. Und sie können trotzdem bei uns wohnen und groß werden. Ich bin auf jeden Fall gespannt, wie das Baby von Meyers heißen wird. Und bis dahin setze ich mich auf meinen Leuchtturm und beobachte die Vögel in unserem Garten."

8
Du bist einzigartig

Seit dem Tag, an dem Max und Papa die Vogelhäuschen gebaut haben, hat Max sich immer wieder auf seinen Leuchtturm gesetzt und die Vögel beobachtet. Und an einem schönen Sommertag, als Max gerade auf seinem Turm saß, ist es passiert. Die ersten Küken sind ausgeflogen. Max war so aufgeregt und hat sofort an der Klingelleitung gezogen, um Mama und Papa Bescheid zu sagen. Die Klingelleitung ist ein langes Band, das Max und Papa vom Leuchtturm der Kinderrechte bis zum Haus und dort in die Küche gespannt haben; einmal quer durch den Garten. An beiden Enden hängt jeweils ein kleines Glöckchen, und wenn Max etwas von Mama oder Papa möchte, muss er nur kurz klingeln. Dann nimmt einer der beiden das Dosentelefon in die Hand, das an einer zweiten Schnur durch den Garten führt. An ihren Enden ist jeweils eine alte Konservendose angebracht. So funktioniert es wie ein richtiges Telefon.

„Hallo, Max?", hört Max durch das Telefon. „Papa, komm schnell, die ersten Küken sind ausgeflogen und hüpfen hier im Gras herum."

„Okay, ich komme so schnell ich kann. Muss ich irgendwas mitbringen?"

„Nein, nicht nötig. Ich habe in den letzten Tagen schon alles vorbereitet. Jetzt müssen wir nur noch die Küken zählen und sie gut beschützen."

Es dauert einen kleinen Augenblick und Papa kommt zu Max auf den Leuchtturm. „Na, wie ist die Lage hier?", fragt Papa, als er sich im Leuchtturm hingesetzt hat. Beide schauen zur gleichen Seite hinaus und Max zeigt Papa die kleinen Küken, die noch etwas tollpatschig durch das Gras hüpfen.

„Guck mal Papa, das da unten, das ist Sabine und da etwas weiter links ist Hermann. Da drüben ist Gaby und da hinten ist Klaus. Oder nee, da hinten ist Sabine und da drüben ist Hermann, dafür ist hier vorne Gaby und, ach nee. Warte mal, da hinten ist Gaby und hier vorne ist Klaus und jetzt ist Hermann rechts und ... auweia, ich komm hier voll durcheinander. Ich weiß auch nicht mehr, wer denn eigentlich wer ist", seufzt Max und sieht dabei ziemlich verwirrt aus. Er überlegt: „Am besten gucken wir uns die Küken ganz genau an. Dann finden wir schon etwas, um sie auseinanderzuhalten. Ich frage mich nur, wie die Vogeleltern das hinbekommen."

Papa hat derweil seinen Fotoapparat herausgeholt, ein paar Fotos gemacht und zeigt sie Max. Zusammen untersuchen sie die Bilder ganz genau.

„Tja, Max", sagt Papa. „Also ich kann keine Unterschiede entdecken, du?" Max schaut sich die Bilder auf dem Display immer wieder an, macht sie größer und kleiner, aber es sind einfach keine Unterschiede zu erkennen. „Papa, aber so geht das nicht. Jeder ist doch irgendwie einzigartig. Das hat uns Herr Paragraf vom Kinderschutzbund doch erklärt. Jedes Kind auf dieser Welt gibt es nur einmal. Auch wenn Geschwister ganz ähnlich aussehen."

„Ja genau. Auch Zwillinge sind einzigartig", ergänzt Papa.

„Das ist ja klar", meint Max, der Zwillinge aus seinem Kindergarten kennt. „Die haben ja nur am gleichen Tag Geburtstag. Aber die sehen sich nicht ähnlich", stellt Max fest.

„Oh doch, viele Zwillinge sind so gleich, dass es schwer ist, sie auseinanderzuhalten. Bei den Zwillingen in deinem Kindergarten war das anders. Sie waren sogenannte zweieiige Zwillinge. Eineiige Zwillinge können oft nur auseinandergehalten werden, wenn sie unterschiedliche Kleidung tragen. Aber das geht bei unseren Küken wohl nicht."

„Nee, natürlich nicht. Die können sich ja nicht einfach ein anderes Federkleid anziehen!", sagt Max und muss ein bisschen lachen.

„Aber du hast recht. Herr Paragraf hat uns von Artikel 8 der Kinderrechte erzählt. In diesem Artikel wird erklärt, dass alle Kinder das Recht auf eine eigene Identität haben. Das bedeutet, dass jedes Kind in das Geburtsregister eingetragen wird. Eigentlich sehen alle Menschen unterschiedlich aus. Wenn es aber Kinder gibt, die irgendwie doch ganz gleich aussehen, was passiert dann? Dafür soll jedes Kind einen eigenen Namen bekommen, und niemand darf einem Kind diesen wieder wegnehmen", erklärt Papa.

In diesem Moment klingelt es an der Klingelleitung im Leuchtturm. Max nimmt sofort das Dosentelefon in die Hand und fragt: „Ja bitte, wer möchte mich sprechen?"

„Ich bin es, Mama. Ich wollte dir Bescheid geben, dass Rudi nun da ist und zu euch in den Garten kommt."

„Okay, aber sag ihm, er muss sehr vorsichtig sein. Die ersten Küken sind schon ausgeflogen und hüpfen über das Gras. Papa und ich sitzen auf dem Leuchtturm und beobachten sie."

„Okay, sag ich ihm", bestätigt Mama.

Max' Freund Rudi kommt auf den Leuchtturm, und sie schauen zusammen mit Papa auf den Rasen, wo die Küken hüpfen.

„Die kann ja keiner auseinanderhalten. Die sehen ja alle gleich aus. Das ist ja wie bei Zwillingen, die kann ich auch nie auseinanderhalten", meint Rudi.

„Tja Rudi, das Problem haben wir auch gerade gehabt. Und dann fiel Max auf, dass alle Kinder ja ein Recht auf eine eigene Identität haben. In Artikel 8 klingt das so: *Die*

Vertragsstaaten verpflichten sich, das Recht des Kindes zu achten, seine Identität, einschließlich seiner Staatsangehörigkeit, seines Namens und seiner gesetzlich anerkannten Familienbeziehungen, ohne rechtswidrige Eingriffe zu behalten", liest Papa vor. Und fügt hinzu: „Bei euch beiden ist das ja kein Problem. Ihr seht euch ja nicht sehr ähnlich. Kommt, wir vergleichen euch mal. Gucken wir mal die Hände an."

„Unterschiedlich!", sagen beide.

„Die Arme?"

„Unterschiedlich!"

„Die Haare?"

„Unterschiedlich!"

„Und was ist der Unterschied bei Kindern, die total gleich aussehen, am gleichen Tag Geburtstag haben und auch noch im gleichen Haus wohnen?", fragt Papa.

Max und Rudi überlegen und Rudi meint ganz vorsichtig: „Der Name?"

„Genau. Und wenn alles andere noch so gleich ist bei Zwillingen, haben sie auf jeden Fall das Recht auf einen eigenen Namen, und somit auf eine eigene Identität", erklärt Papa.

„Guckt mal, die ersten wollen schon losfliegen", bemerkt Rudi. „Dann sind die ja schon bald groß und trennen sich von den Eltern."

„Gut, dass das bei uns Menschen nicht so schnell geht“, meint Max. „Dafür gibt es bestimmt auch irgendwelche Artikel. Aber jetzt bleiben wir lieber auf unserem Leuchtturm und beobachten die kleinen Vögel weiter.“

Und Rudi meint: „Wenn wir so gut auf die Küken in eurem Garten aufpassen, ist das hier nicht nur der Leuchtturm der Kinderrechte, sondern ein ganzer Garten der Kinderrechte.“

9
Wenn Kinder nicht mehr bei den Eltern bleiben können

Max sitzt auf seinem Leuchtturm und beobachtet die Küken, die in den letzten Tagen geschlüpft sind. Er zieht an der Klingelleitung und wartet, bis sich Mama oder Papa aus der Küche durch das Dosentelefon melden. „Sie fangen schon an, ein bisschen weiter zu fliegen“, stellt Max fest. „Ich glaube, es dauert gar nicht mehr lange und dann sind sie weg. Schade!“

Max zieht noch einmal an der Klingelleitung. Nichts passiert am Dosentelefon. Komisch, denkt er. Sind Mama und Papa gar nicht zu Hause? Er nimmt sein Fernglas, schaut im Garten herum und beobachtet die Küken, wie sie immer wieder versuchen, mit ihren kleinen Flügeln abzuheben. Die Vogeleltern sitzen in der Nähe und haben Fressen für ihre Jungen im Schnabel. Damit wollen sie die Kleinen wohl locken und motivieren, selbst zu fliegen.

„Wollen die Eltern denn, dass ihre Jungen alles alleine machen?“, fragt Max sich. Er zieht noch einmal an der Klingelleitung.

„Ja, was ist denn?“, hört er Papa durch das Dosentelefon sprechen.

„Papa, du musst ganz schnell hierherkommen. Die Küken fangen an zu fliegen. Bald ist es soweit.“

„Oh ja, ich verstehe. Ich bin gleich bei dir."

Es dauert nicht lange, bis Papa auf dem Weg in den Garten ist. Max sitzt weiter auf seinem Posten. Als Papa auf den Leuchtturm der Kinderrechte kommt, sieht er Max, der die Küken durch das Fernglas beobachtet. „Guck mal Papa. Sie können schon ein bisschen besser fliegen, einige sogar schon zu ihren Eltern in die Büsche. Dort bekommen sie etwas zu fressen. Ich glaube, sie sind nicht mehr lange bei uns im Garten. Ob sie sich dann größere Vogelhäuschen suchen, in die sie als Familie besser reinpassen?", fragt Max.

„Ich glaube nicht", sagt Papa. „Die Kleinen müssen ihr eigenes Leben führen. Sie müssen lernen, alleine zurechtzukommen. Aber bei Tieren geht das viel schneller als bei uns Menschen. Die Vögel brauchen nur einen Sommer und schon sind sie erwachsen."

„Aber das ist doch irgendwie fies, dass sie so früh von den Eltern getrennt werden", findet Max. „Gut, dass wir Kinder ganz lange bei euch bleiben dürfen und uns niemand von den Eltern trennen kann."

Papa guckt Max an und fragt: „Ist das so? Sind denn alle Kinder immer bei den Eltern, bis sie erwachsen sind?"

„Na klar. Ansonsten wäre das ja unfair", ruft Max entrüstet. „Ihr Eltern müsst uns doch so viel beibringen. Und das geht nun mal nicht in einem Sommer. Zum Glück!"

„Aber denk doch mal an Tina aus deiner Musikgruppe. Die wohnt nicht mehr bei ihren Eltern, weil es ihr dort nicht gut ging. Dafür lebt sie jetzt in einem SOS-Kinderdorf. Weißt du, was das ist?", fragt Papa.

„Nicht so genau", antwortet Max.

„Klar, ein SOS-Kinderdorf ist wie ein eigenes kleines Dorf. Dort gibt es mehrere kleine Familien, in denen allerdings nicht die richtigen Eltern mit ihren Kindern leben, sondern hier wohnen Kinder aus verschiedenen Familien mit einer Kinderdorfmutter oder einem Kinderdorfvater zusammen", erklärt Papa und Max wirft ein: „Aha, das ist also eine Ersatzfamilie."

„Genau", sagt Papa.

„Aber das ist doch gemein!", protestiert Max. „Alle Kinder dürfen doch bei ihren Eltern wohnen."

„Ja, aber nur, wenn es ihnen dort auch wirklich gut geht und die Eltern sich um sie kümmern. So wie sich die Vogeleltern in unserem Garten um ihre Küken kümmern. Das steht in Artikel 9 der Kinderrechte: *Die Vertragsstaaten stellen sicher, dass ein Kind nicht gegen den Willen seiner Eltern von diesen getrennt wird, [...]"*

„Siehste", fällt Max Papa ins Wort.

„Moment, es geht ja noch weiter. Also: [...] *es sei denn, dass die zuständigen Behörden [...] bestimmen, dass diese Trennung zum Wohl des Kindes notwendig ist."*

„Also, wenn der Turm der Kinderrechte irgendwann nicht mehr sicher für mich ist und ich mich deswegen nicht mehr wohlfühle, müsste einer entscheiden, dass es für mich besser ist, wenn ich da nicht mehr hinaufgehe?", fragt Max.

„Genau! Denn wir hatten ja bei dem Artikel 3 schon besprochen, dass der Turm nur geeignet ist, wenn alle Teile gut zusammengebaut sind. Wenn das aber nicht mehr der Fall ist, müssten wir einen anderen Ort für dich finden. Und dazu dürften alle Beteiligten ihre Meinung sagen. Vor allem auch die Kinder", erklärt Papa. „Und du kannst natürlich den Leuchtturm der Kinderrechte weiterhin besuchen. Das sollten die Kinder, die nicht mehr bei ihren Eltern leben dürfen, nach Möglichkeit auch tun, ihre Eltern besuchen. Das steht etwas weiter unten in dem Artikel."

„Na gut, aber noch ist mein Turm ja voll okay. Da wackelt nichts und ich bin hier oben sicher. Außerdem haben wir den Garten der Kinderrechte. Und deswegen müssen sich hier alle an die Rechte der Kinder halten! Punkt!", beendet Max das Thema, denn irgendwie findet er das ganz schön komisch, wenn Kinder von ihren Eltern getrennt werden müssen. Leise sagt er noch: „Papa, hoffentlich kommt nie einer, der entscheidet, dass ich hier nicht mehr sicher bin. Denn ich fühle mich richtig wohl bei dir."

10
Du darfst deine Eltern besuchen, wenn sie in einem anderen Land leben

Max und Papa sitzen auf dem Leuchtturm der Kinderrechte und beobachten, wie die Küken, die vor einigen Tagen aus den Nisthilfen in den Garten gehüpft sind, ihre ersten Flugversuche unternehmen. „Papa, können die Vögel auch einfach in ein anderes Land fliegen?“, fragt Max.

„Theoretisch schon. Manche Vogelarten ziehen im Herbst in Richtung Süden, weil es ihnen im Winter hier nicht gefällt“, antwortet Papa.

„Quatsch, Papa“, sagt Max. „Die fliegen in den Süden, weil sie hier im Winter nicht überleben können. Sie finden dann nichts zu fressen. Aber ich meine unsere kleinen Vögel, die wir hier im Garten haben. Können die nicht einfach in ein anderes Land fliegen?“

„Sagen wir mal so“, überlegt Papa, „sie dürften es, aber ob sie das auch machen, weiß ich nicht.“

Max und Papa sehen, wie die ersten Küken richtig losfliegen, sogar schon über die Büsche in den Garten der Meyers.

„Guck Papa, nun ist das erste Küken aus unserem Gartenland hinausgeflogen. Ab in das Gartenland der Meyers“, sagt Max.

„Hoffentlich geht es ihm dort genauso gut wie bei uns. Und hoffentlich besucht es seine Eltern hier im Garten der Kinderrechte mal. Wenn man von einem Land ins andere fliegt, braucht man ja eigentlich eine Erlaubnis dafür", überlegt Max. „Ich kann ja auch nicht einfach bei anderen in den Garten gehen und dort spielen. Da muss ich ja auch erst fragen."

„Max, da kommt ein Vogel in unseren Garten geflogen, den ich hier noch nie gesehen habe. Vielleicht möchte er in unserem Land der Kinderrechte ein bisschen Urlaub machen." Beide müssen bei diesem Gedanken lachen. Max und Papa beobachten den Vogel ganz genau.

„Papa, der ist klein und hat ganz glatte grüne Federn. Weißt du, was das für einer ist?" Papa denkt nach und sagt dann: „Ich glaube, das ist ein Grünfink. Aber ganz sicher bin ich mir nicht."

„Auf jeden Fall ist er anders als unsere Meisen hier im Garten. Denn die sind ja gelb und ein bisschen pummelig."

Nach einem kurzen Moment fliegt ein zweiter Grünfink über die Büsche in den Garten. Und kurz danach noch ein dritter. „Papa, da sind noch welche. Wieso kommen die denn jetzt hierher?", fragt Max.

Papa sieht in die Richtung, in die Max mit seinem Fernglas zeigt. „Vielleicht will die Familie Grünfink hier wohnen?", überlegt Papa.

„Aber bei Vögeln ist das doch anders als bei uns Menschen. Wenn die Küken groß sind, suchen sie selbst ihr Futter und bleiben nicht mehr bei ihren Eltern, richtig?“, fragt Max.

„Genau. Bei Vögeln ist das nicht so, dass sie sich gegenseitig besuchen“, antwortet Papa.

„Och, wie schade“, sagt Max. „Das muss ja irgendwie auch doof für die Eltern sein.“

„Ich glaube, den Vogeleltern ist das nicht so wichtig wie uns Menschen“, antwortet Papa und erklärt weiter: „Bei uns ist das anders. Wenn die Mama oder der Papa eine Arbeit in einem anderen Land annimmt, soll das Kind die Möglichkeit haben, denjenigen ohne Probleme zu besuchen. In den Kinderrechten nennt man das Familienzusammenführung.

„Hä?“

„Also, das ist so. In Artikel 10 der Kinderrechte steht Folgendes: *Entsprechend der Verpflichtung der Vertragsstaaten nach Artikel 9 Absatz 1 werden von einem Kind oder seinen Eltern zwecks Familienzusammenführung gestellte Anträge auf Einreise in einen Vertragsstaat oder Ausreise aus einem Vertragsstaat von den Vertragsstaaten wohlwollend, human und beschleunigt bearbeitet*“, liest Papa vor. „Die Kinder sollen also die Möglichkeit bekommen, ohne große Probleme zu den Eltern in ein anderes Land zu ziehen. Und wenn die Eltern in unterschiedlichen Ländern wohnen, haben sie natürlich das Recht, beide Eltern regelmäßig zu besuchen. Das steht im zweiten Abschnitt von Artikel 10 der Kinderrechte: *Ein Kind, dessen Eltern ihren Aufenthalt in verschiedenen Staaten haben, hat das Recht, regelmäßige persönliche Beziehungen und unmittelbaren Kontakt zu beiden Elternteilen zu pflegen*", liest Papa den Artikel weiter vor.

„Die Kinder können also immer zwischen den beiden Ländern hin- und herreisen und die Eltern besuchen?", fragt Max. „Genau, das ist ihr Recht!"

Es klingelt an der Klingelleitung und Max nimmt das Dosentelefon in die Hand. „Ja bitte?", sagt er hinein.

„Es ist schon spät geworden. Zeit für den Feierabend", sagt Mama am anderen Ende des Dosentelefons.

„Na gut", sagt Max. „Dann kommen wir jetzt mal in deinen Vertragsstaat Haus und machen dort unsere Familienzusammenführung. Denn es ist mein gutes Recht, heute Abend noch mit euch beiden zusammen zu sein."

11
Kinder dürfen nicht einfach in ein anderes Land gebracht werden

Max sitzt auf dem Leuchtturm und schaut hinaus. Vor einigen Tagen sind die Küken aus den Vogelhäuschen geflogen und anschließend durch den Garten gehüpft. Da konnten Max und Johanna natürlich nicht Fußball spielen.

„Das ist viel zu gefährlich für die kleinen Küken", hatte Max Johanna erklärt. Und deswegen hatten sie eine Fußballpause eingelegt. Aber nun sind die Küken nicht mehr da. Alle sind ausgeflogen!

Plötzlich klingelt das Glöckchen für das Dosentelefon. Max nimmt es in die Hand und fragt: „Ja bitte, wer ist denn da?"

„Ich bin es, Johanna. Ich wollte wissen, ob du auf dem Leuchtturm bist. Dann komme ich zu dir", antwortet Johanna.

Johanna läuft zu Max und setzt sich neben ihn. „Na, was machen denn die Küken? Sind sie noch im Garten?", fragt Johanna.

„Die meisten sind weg. Nur in dem Vogelkasten an der Seite des Turms sind noch Küken. Das dauert noch, bis die ausfliegen", erklärt Max.

„Und was wollen wir jetzt machen?", fragt Johanna. „Ich hätte mal wieder Lust, Fußball zu spielen, aber das geht ja nicht, wenn noch Küken da sind. Schießen wir an den Kasten, bekommen sie einen riesigen Schreck. Das wäre nicht gut. Immerhin ist das hier ja der Garten der Kinderrechte und da müssen wir gut auf die Kleinen aufpassen", sagt Johanna.

„Stimmt, aber wie wäre es denn, wenn wir den Vogelkasten umhängen würden?", überlegt Max.

„Das ist eine gute Idee", findet Johanna.

Leider ist der Vogelkasten so angebracht, dass sie nicht an ihn heranreichen oder ihn abnehmen könnten. Also laufen sie zu Papa ins Haus. Papa sitzt an seinem Schreibtisch und arbeitet, wie jeden Tag. Er sitzt da und schreibt irgendetwas am Computer oder telefoniert. Dann ist es besser, wenn Max ihn nicht stört. Max und Papa haben eine Abmachung getroffen. Wenn Papa seine Tür richtig geschlossen hat, darf Max nur hereinkommen, wenn es absolut oberdringend ist.

„Also, wenn ich mir wehgetan oder mich vielleicht sogar verletzt habe, kann ich immer zu Papa ins Zimmer gehen", erklärt Max. Ansonsten braucht Papa gerade wirklich Ruhe, weil er sich konzentrieren muss. Wenn die Tür aber nur angelehnt oder sogar offen ist, darf Max hineingehen und Papa etwas fragen. Zum Glück ist die Tür nicht geschlossen, sie ist sogar weit offen. Papa sitzt an seinem Schreibtisch und schaut aus dem Fenster.

„Papa", fängt Max seinen Satz an, „wir brauchen mal deine Hilfe. Johanna und ich wollen so gerne Fußball spielen. Aber das können wir nicht, weil am Leuchtturm der eine Vogelkasten hängt, in dem noch Küken sind."

„Genau, und wenn wir den beim Schießen aus Versehen treffen, ist das ja nicht gut für die Küken", ergänzt Johanna.

„Wir haben überlegt, dass wir den Vogelkasten doch einfach umhängen könnten. Vielleicht könnten wir ihn ja auch nebenan bei Meyers anbringen", ergänzt Max.

Papa guckt Max und Johanna an und überlegt. Dann fängt er an, im Internet etwas zu suchen und tippt auf der Tastatur herum. Auf einmal sagt er: „So, da haben wir es ja. War mir doch so, dass das nicht so einfach ist."

Max und Johanna schauen sich an und verstehen erstmal gar nichts. „Was ist nicht so einfach?", fragt Max.

„Wir können den Vogelkasten nicht einfach woanders hinhängen, auch nicht in den Garten der Meyers. Hier steht, dass es verboten ist, Nisthilfen in der Zeit der Aufzucht umzuhängen. Jede Störung der Vögel könnte zur Folge haben, dass die Vogeleltern sich nicht mehr sicher fühlen und ihr Nest verlassen." So ist das übrigens auch bei euch Kindern. In Artikel 11 der Kinderrechte steht Folgendes: *Die Vertragsstaaten treffen Maßnahmen, um das rechtswidrige Verbringen von Kindern ins Ausland und ihre rechtswidrige Nichtrückführung zu bekämpfen*", liest Papa vor.

„Und was soll das bedeuten?“, fragt Johanna.

„Also, stellen wir uns mal vor, dass unser Garten ein eigenes Land und der Garten der Meyers ein anderes Land ist. Dann dürfen wir nicht einfach die Vogelkinder in das Meyerland bringen. Das wäre eine rechtswidrige Verbringung von Kindern ins Ausland. Und das ist verboten. Dann würden die Eltern sich große Sorgen machen, weil sie ihre Küken vielleicht nicht wiederfinden können.“

„Mist“, sagt Max. „Dann können wir wieder nicht Fußball spielen.“

„Aber warum denn nicht?“, fragt Papa.

„Weil wir dann kein Tor haben. Wir haben doch immer den unteren Teil vom Leuchtturm als Tor genutzt. Das geht ja jetzt nicht“, erklärt Johanna.

„Aber das bedeutet doch nicht, dass ihr deswegen auf Fußball verzichten müsst. Ihr könnt doch auch einfach in die andere Richtung schießen. Also vom Turm weg.“

„Da ist aber kein Tor. Das macht doch keinen Spaß, Papa.“

„Ach so, dann müssen wir eben ein Tor bauen. Aber die Küken können wir nicht in ein anderes Land bringen. Kommt, wir gehen zusammen raus und schauen mal, wie wir auf die Schnelle ein Fußballtor basteln können. Und demnächst bauen wir eben ein richtiges. Aber das schaffe ich jetzt nicht“, sagt Papa.

Und so suchen sie gemeinsam im Schuppen und in der Werkstatt Material, um ein vorläufiges Tor zu basteln.

„So können wir das erstmal machen“, sagt Max, als sie ein kleines Gestell aus Stangen, hinter das ein Netz gespannt ist, im Garten aufgebaut haben.

12
Kinder fragen!

Papa sitzt mit Max, Rudi, Johanna, Elsa, Mohamed und Lian zusammen in seiner Werkstatt. Die Kinder sind dabei, ein Modell für einen Spielplatz zu bauen. Und das kam so:

Max und seine Freunde waren vor Kurzem zusammen auf dem Spielplatz am Ende der Straße und mussten feststellen, dass sie dort gar nicht mehr spielen konnten, da alle Spielgeräte kaputt waren. Genau das haben sie der Bürgermeisterin erzählt. Sie ist ja dafür verantwortlich, dass alles wieder in Ordnung gebracht wird. Also hat sie sich mit anderen Erwachsenen zusammengesetzt, und sie haben gemeinsam überlegt, welche neuen Spielgeräte aufgestellt werden sollen. Als sie darüber in der Zeitung lesen konnten, haben sich Max und seine Freunde geärgert.

„Das sind doch keine Spielgeräte, die wir benutzen wollen. Das ist doch alles nur Babykram." Außerdem wusste Max noch, dass Kinder nach ihrer Meinung gefragt werden sollen. „Papa, das steht doch in den Kinderrechten!"

Daraufhin hat Papa den Kindern den Artikel 12 der Kinderrechte vorgelesen: *„Die Vertragsstaaten sichern dem Kind, das fähig ist, sich eine eigene Meinung zu bilden, das Recht zu, diese Meinung [...] frei zu äußern, und berücksichtigen* *die Meinung des Kindes angemessen und entsprechend seinem Alter und seiner Reife.*

„Wenn also ein neuer Spielplatz gebaut werden soll, ist es wichtig, dass ihr Kinder gefragt werdet. Aber auch bei anderen Dingen, z.B. das Mittagessen, die Wahl der Schule, das Urlaubsziel und vieles mehr. Eben immer, wenn es um eine Entscheidung geht, die euch betrifft."

Genau das haben die Kinder der Bürgermeisterin gesagt. Und weil sie sich so für ihre Rechte eingesetzt haben, hat die Gemeinde beschlossen, allen Kindern die Möglichkeit zu geben, sich zu beteiligen.

„Alle Kinder, die den Spielplatz nutzen möchten, können ein Modell für einen Wunschspielplatz bauen. Das muss bis Freitag im Rathaus abgegeben werden. Am Ende wird das beste Modell gewinnen und so soll der Spielplatz schließlich auch gebaut werden", hat die Bürgermeisterin den Kindern versprochen. So sitzen die Freunde nun in der Werkstatt von Max' Papa und basteln an ihrem gemeinsamen Spielplatzmodell.

„Guck mal, Papa. Hier an der Seite kommt ein Turm hin. Da kann man hochklettern, innen oder auch außen. Und man kann vom Turm aus mit einer Seilbahn auf die andere Seite des Spielplatzes fahren. Dort steht auch ein Fußballtor", erklärt Max das Modell.

„Und auf der Seite, da gibt es Turnstangen in verschiedenen Höhen. So können kleine und große Kinder turnen", sagt Elsa.

„Hier unter den Bäumen kommt eine große Sandkiste mit einer Wasserpumpe hin. Da können wir eine Wasserlandschaft oder einfach nur Matsch machen", beschreibt Rudi den Teil, an dem er gerade arbeitet. Mohamed und Johanna sind dabei, viele Hängematten in die gebastelten Bäume zu kleben. „Damit sich alle erholen können, wenn sie viel getobt haben."

Lian schreibt lauter kleine Schilder, auf denen die einzelnen Artikel der Kinderrechte stehen. „Die werden um den ganzen Spielplatz herum aufgestellt. Dann haben wir den Spielplatz der Kinderrechte."

Das Modell ist so groß geworden, dass sie es nur mit Papa und seinem Auto zum Rathaus bringen können. In den nächsten Tagen dürfen alle Bewohner des Ortes hierherkommen und sich die einzelnen Modelle anschauen. Jeder darf seine Stimme für ein Modell abgeben. Das mit den meisten Stimmen hat gewonnen. Danach wird der Spielplatz genau so gebaut.

Am Sonntagnachmittag ist die offizielle Verkündigung, welches Modell gewonnen hat. Alle sind in die kleine Ausstellung gekommen und warten nun ganz gespannt auf die Bürgermeisterin, denn sie wird das Ergebnis bekannt geben. Max ist mit Mama und Papa da und auch Johanna, Elsa, Lian, Mohamed und Rudi sind mit ihren Eltern gekommen. Alle sind gespannt und laufen zwischen den einzelnen Modellen hin und her. Je länger es dauert, umso aufgeregter sind alle Teilnehmenden. Ganz verschiedene Modelle von vielen Kindern wurden hier in den letzten Tagen abgegeben. Alle sind im Rathaussaal und warten auf die Entscheidung.

„Ruhe bitte, ich möchte das Gewinnermodell bekannt geben“, sagt die Bürgermeisterin. Alle warten gespannt! „Gewonnen hat das Modell von Max Vogel und seinen Freunden!“

Max und seine Freunde müssen nun auf die Bühne und bekommen alle eine kleine Medaille. Es gibt großen Applaus. Sie dürfen ihr Modell beschreiben und die Bürgermeisterin fragt: „Habt ihr euch denn auch einen Namen für euren Spielplatz ausgedacht?“

„Na klar“, sagt Mohamed. „Er soll ‚Spielplatz der Kinderrechte‘ heißen.“

„Das ist ein super Name“, findet die Bürgermeisterin. „Aber jetzt wollen wir erstmal anstoßen und den Sieger im Beteiligungsprojekt Spielplatz feiern.“

Es kommen ein paar Leute mit Tabletts in den Händen und verteilen Gläser mit Wasser, Apfel- oder Orangensaft.

Alle stoßen an und gratulieren Max und seinen Freunden zum Sieg. Am Ende kommt die Bürgermeisterin noch einmal zu ihnen und bedankt sich, weil es die Idee der Kinder war, die Kinder mitbestimmen zu lassen. Max nimmt sich noch einmal das Mikrofon und sagt: „Seht mal ihr Erwachsenen, Kinder zu fragen ist gar nicht so schwer!“

13
Du darfst deine Meinung sagen

Leider ist das Wetter heute nicht so schön. Es regnet schon den ganzen Tag. Aber das macht nichts, denn auf seinem Leuchtturm hat Max sich mittlerweile super eingerichtet. Es gibt inzwischen sogar Fenster und nicht nur Löcher in den Wänden. So stören Wind und Regen nicht mehr. Auf dem Boden liegt eine Matratze, auf der sich Max ausruhen oder auch mal übernachten kann. Daneben haben Papa und er sich eine kleine Sitzecke gebaut. Es gibt einen Tisch, eine Bank sowie zwei kleine Stühle. Und falls es zu kalt werden sollte oder Max es sich einfach mal ein bisschen gemütlich machen möchte, hat er hier noch zwei Decken liegen, in die er sich einkuscheln kann. Neben dem Tisch haben sie ein kleines Regal gestellt. Hier stehen Bücher, eine Dose mit Stiften, Papier zum Malen, Autos, ein Fernglas zum Beobachten der Vögel und noch ein paar andere Dinge. Über dem Tisch hängt eine kleine Lampe, falls es mal zu dunkel ist. Und natürlich ist an der Wand noch das Ende der Klingelleitung und das Dosentelefon angebracht.

Max denkt an letzte Woche, als sie bei der Verleihung waren, bei der das Modell von ihm und seinen Freunden den ersten Preis gewonnen hat. „Schade, dass die anderen heute keine Zeit haben“, überlegt er und schaut aus dem

Fenster in den Regen hinaus. „Was kann ich denn jetzt mal machen?"

Da klingelt das Glöckchen. Max spricht in das Dosentelefon: „Ja?"

„Ich bin es, Papa. Lian hat eben angerufen. Er hat heute doch Zeit und würde dich gerne besuchen. Ist das in Ordnung?"

„Na klar. Ich freue mich!", antwortet Max.

„Okay, ich rufe ihn an und sage ihm, dass er herkommen kann."

Nun muss Max doch nicht mehr alleine sein. Und sie können sich vielleicht wieder etwas für den neuen Spielplatz ausdenken. Max hat schon eine Idee.

Es dauert gar nicht lange und schon ruft wieder jemand an. Es ist noch einmal Papa, er sagt: „Lian ist da und kommt zu dir auf den Leuchtturm." Kurze Zeit später hört Max, wie Lian hochklettert.

„Hallo Max. Ist das ein doofes Wetter! Aber zum Glück hast du deinen Super-Leuchtturm. Hier ist es gemütlich", freut sich Lian.

„Das stimmt. Schön, dass du doch noch Zeit hast. Was hältst du davon, wenn wir uns ein bisschen was für den Spielplatz überlegen? Wir könnten ja die Schilder entwerfen", schlägt Max vor.

Lian findet, dass das eine gute Idee ist. Dann fangen sie an, Bilder zu malen. Dafür nehmen sie die Stifte und das Papier aus dem Regal.

„Ich finde es wichtig, dass alle Kinder und Erwachsenen die Kinderrechte sehen und kennenlernen können“, sagt Lian. „Max, sollen wir mal ein größeres Blatt Papier nehmen? Hast du Klebeband, mit dem wir die Blätter zusammenkleben können?“

„Nee, das habe ich hier nicht“, überlegt Max. „Aber Papa hat Klebeband in seinem Arbeitszimmer.“

Max zieht an der Klingelleitung. Kurz danach hört er auch schon Papas Stimme durch das Dosentelefon. „Ja bitte, was gibt es denn?“

„Papa, wir brauchen Klebeband. Kannst du uns was bringen?“, fragt Max.

„Na klar. Ich wollte eh gerade eine Pause machen und einen Kaffee trinken. Dann komme ich mal zu euch und bringe das Klebeband mit.“

Als Papa den Turm hochklettert, hat er nicht nur das Klebeband dabei, sondern auch noch etwas zu trinken und ein paar Kekse. „So ihr zwei, Pause! Was macht ihr denn eigentlich?“

„Wir bereiten die Plakate mit den Kinderrechten für den Spielplatz vor“, erklärt Max.

„Wir sind nämlich der Meinung, dass alle Kinder und auch die Erwachsenen die Kinderrechte kennen müssen. Und deswegen malen wir sie auf. Vielleicht kann ein Erwachsener noch dazuschreiben, wie das Kinderrecht heißt“, überlegt Lian.

„Unsere Meinung dürfen wir doch sagen, oder Papa?“, fragt Max.

„Das stimmt, aber ihr müsst auch aufpassen. Ihr dürft eure Meinung nur so sagen, dass ihr niemanden damit kränkt. Das bedeutet, ihr müsst es immer so machen, dass es fair allen gegenüber ist“, sagt Papa. „Das steht in Artikel 13 der Kinderrechte: *Das Kind hat das Recht auf freie Meinungsäußerung; dieses Recht schließt die Freiheit ein, […] Informationen und Gedankengut jeder Art in Wort, Schrift oder Druck, durch Kunstwerke oder andere vom Kind gewählte Mittel sich zu beschaffen, zu empfangen und weiterzugeben. Die Ausübung dieses Rechts kann bestimmten […] Einschränkungen unterworfen werden, die erforderlich sind für die Achtung der Rechte oder des Rufes anderer […]“*, liest Papa vor.

„Aber Papa, das ist doch eigentlich klar. Natürlich werden wir niemanden beleidigen oder so, nur weil er vielleicht eine Meinung hat, die wir nicht gut finden“, sagt Max.

„Aber eine Sache habe ich so schnell nicht verstanden“, sagt Lian.

„Darf ich meine Meinung woanders sagen? Hier habt ihr euren Garten der Kinderrechte. Hier darf ich das, aber darf ich das auch auf dem Spielplatz?"

„Ja klar", sagt Papa. „Wenn du dich an die Regeln hältst. Denn in dem Artikel steht, dass alle Kinder sich Ideen und Informationen holen und weitergeben dürfen. Und das auch über die Landesgrenzen hinweg."

Max schlussfolgert: „Also dürfen wir unsere Meinung hier in unserem Vertragsstaat Garten aufschreiben und sie in dem Vertragsstaat Spielplatz aufhängen. Aber bevor wir das machen, müssen wir uns erstmal mit Keksen und Saft stärken."

14
Du darfst glauben und denken, was du willst

Max sitzt in seinem Garten der Kinderrechte und schaut sich ein wenig um. Da hinten steht das klapprige Tor, das er mit Papa und Johanna vor Kurzem gebaut hat. Auf der anderen Seite befindet sich der Leuchtturm der Kinderrechte. Um den ganzen Garten herum sind Büsche gepflanzt. So können überall Vögel ihre Nester bauen und Insekten etwas zu fressen finden. Das können sie natürlich auch in den Beeten, wo Mama und Papa viele Blumen gepflanzt haben. Unter dem Apfelbaum steht eine große Sandkiste. Hier kann Max mit seinen Traktoren und Autos spielen. Er hat einen richtigen kleinen Hof aufgebaut. Max schlendert zu seiner Sandkiste und überlegt:

„Irgendetwas fehlt da noch, aber was?“, fragt er sich. In der Ferne ist das Läuten der Kirchenglocken zu hören. Die läuten immer am Sonntagvormittag. Viele Menschen gehen in die Kirche. Mama, Papa und Max sind da nur ab und zu mal. Eigentlich nur, wenn es einen besonderen Anlass gibt, z.B. Weihnachten oder eine Konfirmation.

„Das ist es!“, ruft Max auf einmal und rennt so schnell er kann zu Papa.

„Papa, bist du fertig mit frühstücken?“, fragt er ganz außer Atem.

„Hui, was ist denn mit dir los?“ Papa sitzt in der Küche und trinkt noch einen Kaffee. Dabei hat er das Radio an.

„Mach mal schnell das Radio aus. Hör mal, was da draußen für ein Geräusch ist“, sagt Max.

Papa schaltet das Radio aus und horcht durch das offene Küchenfenster. „Ich höre nur die Kirchenglocken. Sonst nichts.“

„Genau, die Kirchenglocken. Papa, ich brauche unbedingt eine Kirche für meinen Hof an der Sandkiste. Meinst du, wir können mal eben eine bauen?“, fragt Max.

„Mal eben ist immer ein bisschen schwierig. Aber wenn ich meinen Kaffee ausgetrunken habe, können wir mal schauen, ob wir überhaupt Baumaterial dafür finden. Und sowieso, zuerst werden Zähne geputzt. Also schnell ins Bad.“

Max und Papa laufen ins Bad und putzen gleichzeitig die Zähne. Als sie fertig sind, gehen sie in Papas Werkstatt und schauen, was sie alles finden, um loslegen zu können.

„Wie soll denn deine Kirche aussehen?“, fragt Papa. „

Na, wie eine Kirche eben aussieht. Mit einem Turm und einem langen Haus daneben“, antwortet Max.

„Aber nicht alle Kirchen sehen so aus. Es gibt ganz verschiedene Kirchen. Oder eben Häuser, in denen Menschen zusammenkommen, um sich mit ihrem Glauben zu beschäftigen. Früher wurden Kirchen für evangelische oder katholische Menschen so gebaut, wie du es eben beschrieben hast. Aber die Kirchen von damals und von heute unterscheiden sich oft. Und die Häuser, in denen sich andere Glaubensgemeinschaften treffen, sehen wieder anders aus."

„Glauben denn nicht alle Menschen das Gleiche?", fragt Max.

„Nein, es gibt viele verschiedene Glaubensrichtungen. Es gibt das Christentum, dazu gehören wir. Und das unterscheidet sich auch noch in evangelisch und katholisch. Außerdem gibt es den Buddhismus, den Islam, den Hinduismus und das Judentum. Das sind die großen Religionsgemeinschaften. Und es gibt noch ganz viele kleine Glaubensrichtungen. Aber die kenne ich nicht alle."

„Und warum sind wir evangelisch?", will Max wissen.

„Das ist eine gute Frage. Also, oft werden Menschen in eine Religion hineingeboren. Wenn du also auf die Welt kommst, bekommst du nicht nur die Kinderrechte geschenkt, sondern vielleicht auch eine Religion, der du erstmal angehörst. Du wurdest z.B. als Baby evangelisch getauft. Das haben Mama und ich so entschieden", erklärt Papa.

„Und wenn ich das gar nicht will, also so eine Religion. Oder ich lieber eine andere hätte?", fragt Max weiter.

„Ja, Moment, nicht zu schnell. Also, nach deiner Geburt wurdest du ja beim Standesamt angemeldet. Das weißt du ja, weil wir schon mal über den Artikel 7 gesprochen haben."

„Na klar", fällt es Max sofort wieder ein, „das mit dem Namen und so."

„Genau. Und beim Standesamt wird auch aufgeschrieben, ob das Kind einer Religion angehört und welche das ist. Als Baby kannst du das noch nicht selbst entscheiden. Wenn du aber älter wirst und selber überlegen kannst, welche Religion du gut findest, kannst du deine eigene Entscheidung für oder gegen eine Religion treffen. Das steht in Artikel 14 der Kinderrechte: *Die Vertragsstaaten achten das Recht des Kindes auf Gedanken-, Gewissens- und Religionsfreiheit. Die Vertragsstaaten achten die Rechte und Pflichten der Eltern [...], das Kind bei der Ausübung dieses Rechts in einer seiner Entwicklung entsprechenden Weise zu leiten",* liest Papa den Artikel aus den Kinderrechten vor.

„Aha. Ich kann also selbst entscheiden, welche Kirche ich besuchen möchte und auch, ob ich das überhaupt möchte?"

„Ja, aber um die eigene Religion zu wechseln oder ganz aufzugeben, solltest du dich erstmal damit beschäftigen.

Nur so kannst du wissen, um was es bei den einzelnen Religionen geht, und was sie wollen", sagt Papa.

„Und da müssen du und Mama mir helfen. Damit ich genau weiß, was die Unterschiede sind und ich für mich überlegen kann, was ich gerne möchte", ergänzt Max.

„Das wollen wir auch und fangen einfach gleich damit an. Ich kann dir schon mal erklären, dass es nicht die Kirchen sind, für die sich die Menschen bei einer Religionswahl entscheiden. Die Kirchen sind nur die Häuser der christlichen Religionen, in denen sie ihre Gottesdienste feiern. In anderen Religionen heißen die Häuser anders. Es gibt die jüdische Synagoge, die Moschee für die Muslime, den buddhistischen Tempel und noch mehr", erklärt Papa. „Aber wenn du dich mit einer Religion beschäftigen willst, hat das nicht so viel mit dem Haus zu tun, sondern mehr mit dem, woran die Menschen glauben."

„Na gut, Papa", sagt Max, „aber das ist mir im Moment zu schwierig. Ich möchte eine Kirche bauen, die so aussieht wie die Kirche, die hier bei uns im Ort steht, mit Glockenturm. Vielleicht können wir ja auch eine echte kleine Glocke reinhängen. Die könnte ich immer läuten."

„Alles klar", sagt Papa. „Wir kümmern uns heute nur um das Gebäude. Mit dem, was drinsteckt, beschäftigen wir uns später."

Max hat noch eine Idee: „Wir könnten noch eine Synagoge, eine Moschee und einen Tempel bauen. Dann haben alle im Garten der Kinderrechte die Möglichkeit, sich ihre Religion selbst auszusuchen und können dorthin gehen, wo es ihnen am liebsten ist. Aber jetzt fangen wir erstmal mit unserer Kirche an."

15
Wir sind hier!

Max und seine Freunde hatten sich vor einiger Zeit dafür eingesetzt, dass der Spielplatz, auf dem alles kaputt war, neu gestaltet wird. Sie hatten der Bürgermeisterin erzählt, dass dort kein Kind mehr spielen kann. Die Bürgermeisterin hatte dafür gesorgt, dass der Spielplatz neu gebaut wird und auch, dass alle Kinder ihre Vorschläge einbringen konnten.

Dort haben Max und seine Freunde sich verabredet und spielen. Sie sitzen in der Mitte des Spielplatzes und schauen sich an, wie schön dieser Ort geworden ist. Und sie staunen, wie die Erwachsenen es hinbekommen haben, die Vorschläge von Max und seinen Freunden umzusetzen.

„Habt ihr gehört, dass am Freitag in der Stadt eine Demonstration stattfinden soll, bei der ganz viele Kinder sind?“, fragt Johanna plötzlich in die Runde.

„Nee“, sagt Max. „Was ist das denn eigentlich, so eine Demonstration?“, fragt Elsa.

Mohamed erklärt: „Da kommen Menschen zusammen und sagen, was ihnen nicht gefällt. Oder was alle Menschen besser machen könnten. Dann gehen sie einfach durch die Straßen. Und die Autos müssen warten, bis die Leute vorbeigelaufen sind.“

„Am Freitag wollen die Kinder mit der Demonstration den Erwachsenen sagen, dass sie es nicht gut finden, was mit unserer Umwelt passiert“, erklärt Johanna weiter. „Sie wollen zeigen, dass die Erwachsenen besser auf unseren Planeten aufpassen müssen, damit wir Kinder hier auch in Zukunft noch gut leben können.“

„Ja, ja“, sagt Rudi, „aber auch wir Kinder müssen etwas dafür tun. Wir müssen uns ebenfalls dafür einsetzen und uns so verhalten, dass unsere Umwelt sauber bleibt.“

„Moment, wie soll das gehen? Es können doch nicht einfach alle Kinder die Straßen dicht machen“, fragt Elsa.

„Doch, das geht“, sagt Max. „Alle Kinder haben das Recht, sich zusammenzutun oder so. Ich weiß gerade nicht ganz genau, wie das heißt. Da müsste ich Papa fragen. Auf jeden Fall dürfen wir ja unsere Meinung sagen. Das kann man in Artikel 13 der Kinderrechte nachlesen. Und in Artikel 14 der Kinderrechte steht nämlich nicht nur etwas über die Religionsfreiheit, sondern auch, dass wir uns eigene Gedanken machen dürfen. Und dabei müssen uns unsere Eltern sogar unterstützen. Wie spät ist es?“

„Es ist 16 Uhr. Wir müssen zu euch, Max. Dein Papa wollte doch mit uns Kuchen essen und den frischen Holunderblütensirup trinken“, sagt Elsa. „Na dann, schnell!“

Die Kinder laufen zu ihren Fahrrädern, setzen sich ihre Helme auf und radeln so schnell wie es geht zu Max nach

Hause. Als sie dort angekommen sind, finden sie Papa auf dem Leuchtturm. Dort hat er bereits alles für ein gemütliches Kaffeetrinken vorbereitet: Gläser, Teller, Kuchen, eine große Karaffe mit Wasser und den Holunderblütensirup.

„Hallo Papa! Wir müssen dich mal eben was fragen“, sagt Max.

„Ja, was ist denn so wichtig?“, fragt Papa.

„Du weißt doch immer so gut Bescheid. Wie ist das mit diesem Recht für Kinder, bei dem alle zusammenkommen dürfen“, fragt Johanna.

„Genau, wegen Freitag. Da wollen doch die Kinder gemeinsam demonstrieren“, erklärt Rudi.

„Ach so. Ja, da gibt es was. Ich muss nur mal eben nachschauen“, sagt Papa und holt sein Handy aus der Tasche. Er tippt ein bisschen auf dem Display herum und fängt an vorzulesen.

„*Artikel 15: Vereinigungs- und Versammlungsfreiheit. Die Vertragsstaaten erkennen das Recht des Kindes an, sich frei mit anderen zusammenzuschließen und sich friedlich zu versammeln.* Ihr dürft euch also auf jeden Fall treffen und auch einen Club oder so etwas in der Art gründen. Außerdem dürft ihr euch auch mit ganz vielen Kindern verabreden, die die gleichen Ziele, Wünsche oder Ideen haben. Das ist das Recht, sich zu versammeln. Und das machen am Freitag die Kinder in der Stadt", erklärt Papa.

„Genau, sie wollen nämlich alle ihre Meinung sagen. Und das dürfen sie ja auch. Max hat doch vorhin gesagt, dass das im Artikel 13 steht", sagt Johanna.

„Und wenn man die Artikel 13, 14 und 15 zusammennimmt, kann man auf die Straße gehen, demonstrieren und dabei seine Meinung sagen", schlussfolgert Max.

„Jaja, aber Vorsicht", ermahnt Papa. „Es muss immer so sein, dass keine anderen Menschen dadurch in ihrer Sicherheit oder Gesundheit gefährdet werden. Nur dann wird das erlaubt. Deswegen müssen solche Demonstrationen auch immer bei der Stadtverwaltung angemeldet und genehmigt werden. Sonst darf nicht demonstriert werden. Aber wieso wollt ihr das eigentlich so genau wissen, wollt ihr auch dahin?"

„Na klar", ruft Johanna. „Denn wir sind hier, wir sind laut, weil ihr uns die Welt versaut!"

„Na dann", sagt Max, „gehen wir am Freitag alle dorthin. Aber vorher müssen wir uns noch gut stärken, damit wir auch den ganzen Weg durch die Stadt schaffen."

„Genau, ran an den Kuchen!", rufen alle.

16
Das ist meins!

Max sitzt in der Sandkiste und spielt mit seinen Treckern. Nach einer Weile geht er auf seinen Leuchtturm. „Ich muss mal wieder mit dem Fernglas den Garten beobachten. Vielleicht sind doch noch irgendwo Vogelküken, die ich beschützen muss“, denkt er.

Als Max oben angekommen ist, schaltet er erst einmal sein Radio ein. „Wie gut, dass Papa hier die Solarplatten auf das Dach gebaut hat. Jetzt habe ich immer genug Strom für mein Radio.“ Und so sitzt Max dort und schaut sich im Garten um.

Plötzlich klingelt das Glöckchen und Max greift nach dem Dosentelefon: „Ja bitte, wer ist denn da?“

„Ich bin es, Rudi. Ich wollte zum Spielen kommen.“

„Okay, klettere doch einfach auf den Turm. Ich bin hier oben.“

„Wird gemacht!“

Rudi setzt sich neben Max. Gemeinsam schauen sie, ob sie noch Küken entdecken.

„Also, ich sehe keine mehr“, sagt Rudi.

„Ich auch nicht. Aber vielleicht sind ja noch welche in den Vogelhäuschen. Wollen wir mal nachschauen?“, fragt Max.

„Gute Idee, aber wie kommen wir da ran? Die habt ihr ja so hoch gehängt."

„Wir fragen einfach meinen Papa", schlägt Max vor und zieht an der Klingelleitung.

Es dauert nicht lange und dann hören sie, wie Papa durch das Dosentelefon spricht: „Hallo Max, was ist los?"

„Papa, kannst du in den Garten kommen? Wir wollen mal schauen, ob in den Vogelhäuschen noch Küken sind. Aber wir kommen da nicht ran. Kannst du uns helfen?"

„Klar. Ich wollte die Häuschen eh schon längst mal sauber gemacht haben. Ich komme gleich und bringe eine Leiter mit."

Kurz darauf stapft Papa mit einer Leiter in den Garten. „Na, wollen wir doch mal schauen, was da in den Kinderzimmern so los ist!" Papa stellt die Leiter an einen Baum, an dem ein Vogelhäuschen hängt und will gerade auf die Leiter klettern, da ruft Rudi plötzlich: „Stopp! Dürfen wir das denn überhaupt? Wir sind doch hier im Garten der Kinderrechte. Da müssen wir uns doch an die Kinderrechte halten."

„Hä? Wie meinst du das?", fragt Max, der gerade überhaupt nicht versteht, warum Rudi so aufgeregt ist.

„Ich glaube, ich weiß was Rudi meint", sagt Papa. „Kommt mal mit ihr zwei. Wir setzen uns auf den Leuchtturm. Da können wir das besprechen.

Papa, Max und Rudi klettern hoch und machen es sich auf dem Balkon bequem. Hier können sie den Garten überblicken und gemütlich sitzen. Max geht noch kurz in den Leuchtturm und holt drei Gläser und die Flasche Wasser, die er sich vorhin aus der Küche mitgenommen hatte.

„Also Papa und Rudi, was meint ihr denn eigentlich?" Und während Papa auf seinem Handy etwas tippt, fängt Rudi an zu erklären. „Das war mir vorher gar nicht so klar, aber als dein Papa das mit den Kinderzimmern sagte, da wusste ich es. In den Kinderrechten steht doch was mit Privatsphäre. Die müssen alle beachten. Aber ich weiß gar nicht so ganz genau, was das ist", überlegt Rudi und Papa ergänzt: „Hier in Artikel 16 der Kinderrechte steht es: *Kein Kind darf willkürlichen oder rechtswidrigen Eingriffen in sein Privatleben, seine Familie, seine Wohnung oder seinen Schriftverkehr oder rechtswidrigen Beeinträchtigungen seiner Ehre und seines Rufes ausgesetzt werden."*

„Aha", sagt Max, „und was bedeutet das jetzt?"

„Das bedeutet, dass es das Recht aller Kinder ist, auch mal ein Geheimnis zu haben. Es darf niemand einfach ungefragt deine Briefe lesen oder in deinem Zimmer herumschnüffeln. Denn das ist dein persönlicher Bereich", erklärt Papa weiter.

„Wenn wir einfach an die Vogelkästen gehen und hineingucken, wäre das gegen diesen Artikel. Wir wollen ja auch nicht, dass auf einmal Fremde in unsere Zimmer gucken, wenn wir uns gerade umziehen oder so. Die Küken sind ja auch Kinder, aber eben die von Vögeln. Deswegen gelten die Kinderrechte bestimmt auch für sie", schlussfolgert Rudi.

„Ihr habt recht! Das geht nicht", sagt Max. „Aber woher können wir wissen, ob noch Vögel in den Kästen sind?"

„Wir könnten ganz leise sein und einfach mal an dem Kasten horchen", schlägt Rudi vor.

„Das geht nicht, das ist ja wie lauschen. Wenn wir beide etwas leise miteinander besprechen, wollen wir ja auch nicht, dass mein Papa uns dabei belauscht", sagt Max.

„Tja, dann bleibt uns wohl nur abzuwarten, sagt Papa. „In ein paar Tagen, wenn wir uns ganz sicher sind, dass keine Küken mehr in den Kästen sind, können wir die alten Nester herausnehmen, damit die Vogeleltern dort wieder neue hineinbauen können", sagt Papa.

„Und bis dahin beobachten wir einfach alles ganz genau vom Leuchtturm aus", schlägt Max vor. „Rudi, dazu müssen wir hier übernachten. Meinst du, du kannst dieses Wochenende bei mir schlafen und mir dabei helfen?"

„Ich denke, das sollte gehen. Ich habe nichts weiter vor. Und hier oben zu übernachten ist eine gute Idee!", freut sich Rudi.

„Na gut“, sagt Papa. „Dann geh ich wieder ins Haus, rufe bei Rudi zu Hause an und kläre das. Und ihr behaltet die Vögel im Blick. Alles klar?“

„Machen wir, denn hier in unserem Garten der Kinderrechte wird auf alle aufgepasst.“

17
Du hast ein Recht darauf, gut informiert zu sein

Es ist Sonntagmorgen und Max und Rudi schlafen noch, als auf einmal das Glöckchen im Leuchtturm klingelt. Max nimmt noch etwas müde das Dosentelefon in die Hand und fragt: „Ja, bitte?"

„Guten Morgen! Ich wollte wissen, wo ihr frühstücken wollt. In der Küche oder auf dem Turm?", fragt Papa.

„Ich bin für hier!", ruft Rudi.

„Hast du gehört Papa, wir möchten gerne auf dem Leuchtturm essen."

„Okay, ich bringe euch gleich alles hoch", sagt Papa.

Max und Rudi krabbeln aus ihren Nestern. So haben sie ihre Schlafplätze genannt.

„Wollen wir auf dem Balkon essen? Es ist doch super Wetter heute Morgen. Und wir haben außerdem den Garten im Blick, sodass wir sehen können, ob noch irgendwo Küken sind", schlägt Rudi vor.

„Gute Idee", antwortet Max, „so machen wir das." Sie hängen die Decken zum Lüften über das Geländer und setzen sich schon mal an den Tisch.

„Soll ich das Radio anmachen? Dann können wir den Kindersender hören und bekommen mit, was es Wichtiges in der Welt gibt", fragt Max.

„Ja, gerne. Manchmal bringen die ja auch Berichte, z.B. über die Tiere in unserer Region. Vielleicht gibt es heute auch was über die Vögel in unseren Gärten."

Max und Rudi sitzen auf dem Balkon und hören Radio. Allerdings werden gerade keine Berichte über Tiere gesendet, sondern von den Kinderrechten erzählt. Sie erfahren, dass sich alle Kinder Informationen aus den Medien holen dürfen. Plötzlich entdeckt Rudi was: „Guck mal Max. Da ist doch gerade ein Vogel mit einem Wurm im Schnabel durch den Garten geflogen. Der will bestimmt seine Küken füttern. Ich frage mich nur, wo er hingeflogen ist."

„Hm, ich glaube der ist zu den Meyers in den Garten geflogen. So ein Mist, jetzt wissen wir nicht, was er da genau macht. Den Garten können wir von hier aus nicht sehen."

In diesem Moment kommt Papa. „Guten Morgen ihr zwei!", sagt er. „Hier ist euer Frühstück! Ihr seid ja schon wieder fleißig bei der Arbeit und beobachtet die Vögel. Gibt es denn schon was zu sehen?"

„Ja, ein Vogel ist gerade mit einem Wurm im Schnabel zu den Meyers geflogen. Da sind bestimmt die Küken, für die er Futter sucht", erzählt Rudi von seiner Beobachtung.

„Nur leider wissen wir es nicht genau. Es wäre aber eine wichtige Information für uns, zu erfahren, ob da noch Küken sind. Papa, wir müssen uns informieren. Das ist doch wichtig und auch unser Recht. Das haben sie jedenfalls eben im Kinderradio gesagt", erklärt Max weiter.

„Das stimmt. Ihr habt als Kinder natürlich das Recht auf Information. Das steht in Artikel 17 der Kinderrechte: *Die Vertragsstaaten erkennen die wichtige Rolle der Massenmedien an und stellen sicher, dass das Kind Zugang hat zu Informationen und Material aus einer Vielfalt nationaler und internationaler Quellen, insbesondere derjenigen, welche die Förderung seines sozialen, seelischen und sittlichen Wohlergehens sowie seiner körperlichen und geistigen Gesundheit zum Ziel haben"* liest Papa vor.

„Aha!", sagt Rudi und tut so, als hätte er alles begriffen. Aber dann fragt er zögerlich: „Kannst du das vielleicht noch einmal anders erklären?"

Und Max sagt: „Ich habe das auch nicht genau verstanden."

„Also, ihr habt das Recht, alles Mögliche zu erfahren, was für euch in eurem Alter wichtig ist. Dazu sollt ihr die Möglichkeit bekommen, euch über die Medien, also Zeitungen, Radio, Computer und Fernsehen, zu informieren. Wichtig ist, dass wir Erwachsenen euch dabei unterstützen und gegebenenfalls helfen, die Informationen, die wichtig für euch sind, zu bekommen", erklärt Papa.

„Aber wie bekommen wir denn die Informationen aus dem Nachbarland der Meyers?", fragt Max.

„Da muss wohl mal ein Reporter – oder wie das heißt – in das Land reisen und einen Bericht über die Vögel und ihr Leben dort machen. Den können wir uns entweder am Computer anschauen, im Radio hören oder in der Zeitung lesen. Je nachdem, wo der Bericht erscheint“, sagt Rudi.

„Und wer sind die Reporter?“, fragt Papa.

„Rudi, das können wir doch machen. Dann gehen wir gleich nach dem Frühstück mal zu den Meyers und fragen, ob wir dort einen Bericht über die Vögel im Meyerland machen können. Und wenn wir den fertig haben, können wir ihn hier in unserem Land den anderen Kindern zeigen.“

„Gute Idee. So können die Kinder hier erfahren, was in einem anderen Land passiert, und wie die Vögel dort leben“, freut sich Rudi. „Aber jetzt hören wir erstmal die Kindernachrichten und gucken uns die Kinderzeitung an, die dein Papa mitgebracht hat. Und dabei frühstücken wir. Dann sind wir auf jeden Fall schon mal gut informiert. Anschließend reisen wir in den Nachbargarten und verfassen einen Bericht über das Leben der Vögel vor Ort.“

18
Beide Eltern sollen dich erziehen

Leider waren die Meyers am Sonntag nicht zu Hause. Max und Rudi konnten also nicht fragen, ob sie in ihren Garten gehen können, um dort Informationen über das Leben der Vögel im Nachbarland zu sammeln. Als die Meyers zurück waren, hat Max sofort bei ihnen geklingelt. Frau Meyer war einverstanden und sagte außerdem, dass sie jederzeit in ihren Garten gehen dürften, um die Vögel und ihre Küken zu beobachten. Und das wollen Max und Rudi heute auch machen. Um sich für ihr Vorhaben gut auszurüsten, packen sie noch eine Videokamera, ein Aufnahmegerät, einen Fotoapparat, Papier und Stifte in ihre Rucksäcke.

„Guck mal Rudi, hier ist, glaube ich, ein guter Platz für unsere Beobachtungen. Was meinst du?"

„Ja, das denke ich auch. Von hier aus können wir den ganzen Garten überblicken."

Max und Rudi packen ihre Sachen aus. Es dauert gar nicht lange, bis der erste Vogel auf den Rasen fliegt. „Max, hast du die Kamera an?"

„Ja!" Sie sitzen ganz leise da und schauen zu, wie der Vogel ein Küken, das gerade aus dem Gebüsch gekommen ist, mit einem Wurm füttert. Rudi macht noch schnell ein paar Fotos. „Max, auf der anderen Seite kommt noch ein zweiter Vogel, der hat auch einen Wurm im Schnabel."

„Oh ja, tatsächlich. Das sind Amseln. Da können wir gut erkennen, ob es die Mama oder der Papa ist. Amselmännchen haben nämlich einen gelben Schnabel und sind schwarz. Die Weibchen sind braun und haben auch einen braunen Schnabel", erklärt Max.

Max und Rudi beobachten die Amseln noch eine Weile. Als sie der Meinung sind, dass sie genug Material für ihren Bericht zusammen haben, packen sie alles ein und machen sich wieder auf den Weg zu Max nach Hause. Sie suchen Max' Papa und finden ihn im Arbeitszimmer.

„Na, ihr zwei, was kann ich heute für euch tun?", fragt Papa.

„Wir haben einiges für unseren Bericht aufgenommen und Fotos gemacht. Jetzt können wir das eigentlich den anderen Kindern zeigen", erklärt Max.

Papa bremst die beiden: „Erstmal sollten wir uns das Material angucken und vielleicht müsst ihr ja auch noch was dazu erklären", sagt er.

Gemeinsam schauen sie sich die Aufnahmen an. Die beiden beschreiben Papa, wie sie beobachtet haben, dass sich die Eltern gemeinsam um die Küken kümmern.

„Das ist auch gut so", sagt Rudi. „Das ist wie bei den Menschen. Da kümmern sich auch beide Eltern um die

Kinder. Es sei denn, die Kinder sind in der Schule oder im Kindergarten. Dann machen es eben die Erwachsenen dort."

„Richtig", sagt Papa, der sich die Aufnahmen ganz genau angesehen hat. „Die Vögel machen das, wie es in Artikel 18 der Kinderrechte aufgeschrieben ist. Ich lese euch das mal vor: *Die Vertragsstaaten bemühen sich nach besten Kräften, die Anerkennung des Grundsatzes sicherzustellen, dass beide Elternteile gemeinsam für die Erziehung und Entwicklung des Kindes verantwortlich sind. […] Dabei ist das Wohl des Kindes ihr Grundanliegen. […]*

Die Vertragsstaaten treffen alle geeigneten Maßnahmen, um sicherzustellen, dass Kinder berufstätiger Eltern das Recht haben, die für sie in Betracht kommenden Kinderbetreuungsdienste und -einrichtungen zu nutzen."

„Mütter und Väter sind also beide dafür da, die Kinder zu erziehen. Ihnen also alles Mögliche zu zeigen und beizubringen, damit sie gut aufwachsen können", erklärt Max.

„Aber die Vögel haben ja gar keine Kindergärten", sagt Rudi.

„Das stimmt, das ist bei den Vögeln anders als bei uns Menschen", sagt Papa. „Während wir Erwachsenen zur Arbeit gehen müssen und euch Kinder in einen Kindergarten oder eine Schule bringen, ist die Arbeit der Vögel, sich um ihre Kinder zu kümmern. Sie brauchen also gar keine Kindergärten oder Schulen“, erklärt er.

„Aber bei anderen Tieren gibt es auch so etwas wie Kindergruppen“, sagt Rudi. „Ein paar Erwachsene kümmern sich um die Kinder, andere gehen auf die Jagd und besorgen etwas zu fressen für die Familie. Das habe ich schon mal in einem Tierfilm über Pinguine gesehen.“

„Papa, eigentlich sollten die Menschen das so machen wie die Vögel. Dann könnten die Kinder immer bei ihren Eltern sein.“

„Stimmt, aber dann könntest du auch keine anderen Kinder treffen. Und auch nur das lernen, was ich kann. Aber im Kindergarten und in der Schule lernst du ja noch viel mehr. Auch Dinge, die ich nicht weiß.“

„Da hast du auch wieder recht. Aber erklären wir den anderen Kindern erstmal, wie das mit den Vogeleltern und ihren Küken ist. Und dass immer sowohl Mama als auch Papa für das Füttern der Küken verantwortlich sind“, sagt Rudi.

Max ergänzt noch: „Das ist eben doch wieder wie bei uns Menschen. Denn bei uns sind ja auch beide Elternteile dafür da, uns zu erziehen.“

19
Keine Gewalt gegen Kinder

Der Leuchtturm der Kinderrechte ist nicht nur ein gemütliches Plätzchen, sondern dient Max und Johanna gleichzeitig auch als Tor zum Fußballspielen. Da allerdings immer noch Vogelküken in dem Häuschen am Leuchtturm wohnen, brauchen Max und Johanna nun endlich ein anderes Tor.

Und so haben Max und Papa sich daran gemacht, ein Tor zu bauen. Zum Glück hat Papa seine Werkstatt, in der immer Holz, Werkzeug und allerlei Kleinkram herumliegt. Papa muss als erstes mit der großen Säge die Pfosten und die Latte für das Gestell zurechtschneiden. Daran befestigen sie noch schräge Pfosten, die nach hinten führen. „Damit das Tor nicht umkippen kann“, hatte Papa gesagt.

Als sie alles gut miteinander verschraubt haben, müssen in die Pfosten und in die Latte einige kleine Haken eingeschraubt werden. „Hier hängen wir das Netz ein“, sagt Papa. „Das kannst du bitte machen. Ich hole eben das alte Fischernetz vom Dachboden.“

Als Papa wiederkommt, hat er zwei Netze auf dem Arm. Ein kleines, das Max im Tor befestigt und ein großes, welches hinter das Tor gehängt wird, damit die Bälle, die am Tor vorbeigeschossen werden, nicht in den Garten der Meyers fliegen.

„So, Max“, sagt Papa, als sie das Tor in den Garten getragen haben. „Nun müssen wir wieder Löcher in den Boden graben, in die wir dann die Pfosten hineinstecken.“

„Und müssen wir wieder ein Fundament aus Beton machen?“, fragt Max, der das noch vom Leuchtturm kennt. Da hatte Papa erklärt, dass das Fundament so wichtig ist, damit alles gut und sicher steht. „Können wir machen.“

„Gut, dann steht das Tor genauso fest wie der Leuchtturm der Kinderrechte und niemand kann daran ruckeln. Und unsere Namen müssen wir auch wieder in den Beton schreiben.“

Als Max und Papa fertig sind, gehen sie zurück ins Haus. Heute können sie noch nicht Fußball spielen. Der Beton muss erst einmal aushärten.

Max, Mama und Papa sitzen zusammen auf dem Sofa und schauen sich gemeinsam die Kindernachrichten im Fernsehen an. Hier geht es gerade um den sogenannten Tag der gewaltfreien Erziehung. Der Sprecher im Fernsehen sagt: „Der Tag der gewaltfreien Erziehung ist immer am 30. April. Jedes Jahr. An diesem Tag soll daran erinnert werden, dass alle Kinder ein Recht auf eine Erziehung ohne Gewalt haben. Das bedeutet, dass kein Kind dieser Welt geschlagen oder sonst irgendeiner Gewalt gegen sich ausgeliefert werden darf. Man könnte sagen, Kinder sind unschlagbar. Das steht in Artikel 19 der UN-Kinderrechtskonvention oder wie wir es immer sagen, in den Kinderrechten."

Am nächsten Tag ist Max mit Johanna verabredet. Sie wollen unbedingt das neue Tor ausprobieren. Johanna spielt immer gern Fußball, deswegen ist sie ja auch im Fußballverein. Aber natürlich brauchen sie noch jemanden, gegen den sie spielen können, und weil Papa eh gerade durch den Garten läuft, fragen sie einfach ihn. „Okay, kann ich machen. Aber nur ein Spiel. Dann muss ich wieder an die Arbeit."

„Gut. Dann spielen Johanna und ich gegen dich", sagt Max.

Das Spiel geht los! Max und Johanna schießen gleich mal das erste Tor. Papa versucht, auch ein Tor zu schießen, schafft es aber nicht. Immer wieder halten Max und Johanna die Bälle von Papa fest.

„Gegen euch habe ich einfach keine Chance", stöhnt Papa, als Max und Johanna gerade das letzte Tor geschossen haben.

„Wir sind eben unschlagbar!", rufen beide im Chor.

„Das seid ihr ja sowieso", sagt Papa. „Wisst ihr eigentlich, was heute für ein Tag ist?"

„Wie meinst du das?", fragt Johanna.

„Ach ja, wir können heute gar nicht verlieren. Heute sind alle Kinder unschlagbar!“, sagt Max.

„Aber wie meint ihr denn das?“, fragt Johanna noch einmal.

„Also, das ist so“, fängt Papa an zu erklären. „Heute ist der 30. April. Das ist der Tag der gewaltfreien Erziehung. In den Kinderrechten gibt es den Artikel 19. Darin steht: *Die Vertragsstaaten treffen alle geeigneten Gesetzgebungs-, Verwaltung-, Sozial- und Bildungsmaßnahmen, um das Kind vor jeder Form körperlicher oder geistiger Gewaltanwendung, Schadenzufügung oder Misshandlung, vor Verwahrlosung oder Vernachlässigung, vor schlechter Behandlung oder Ausbeutung einschließlich des sexuellen Missbrauchs zu schützen, solange es sich in der Obhut der Eltern [...] befindet [...].*

Und weiter steht da noch, dass die Menschen, die Kinder betreuen, Unterstützung bekommen sollen, damit den Kindern keine Gewalt angetan wird. Oder wenn doch was passiert ist, sich die Menschen trauen, dies zu sagen“, erklärt Papa.

„Oder einfach und kurz: Wir sind unschlagbar. Und das soll bedeuten, niemand hat das Recht, uns was anzutun“, fasst Max zusammen. „Und es ist ganz egal, ob Kinder geschlagen oder angebrüllt werden. Das ist nicht erlaubt“, schiebt er noch hinterher.

Papa ist schnell ins Haus gelaufen und hat sich seine Gitarre geholt. Gemeinsam mit Max und Johanna sitzt er nun oben auf dem Leuchtturm und beginnt, ihnen ein Lied vorzuspielen. Er erklärt: „Das Lied heißt: Wir sind unschlagbar. Hier geht es genau um den Artikel 19 der Kinderrechte." Als das Lied zu Ende ist, sagt Papa: „Und jetzt gibt es die Revanche. Ich gewinne, denn Tore darf ich gegen euch schießen."

„Du kannst es ja mal versuchen", sagt Johanna. „Das Tor der Kinderrechte wird uns helfen und uns beschützen. Denn wir sind unschlagbar!"

20
Dein besonderer Schutz, wenn du nicht zu Hause leben kannst

Es sind Ferien. Max und Papa wollen einen Ausflug unternehmen. Und weil es mit Freunden immer mehr Spaß macht, haben sie Rudi und Elsa auch dazu eingeladen. Johanna, Lian und Mohamed können leider nicht, da sie im Urlaub sind. Max, Papa und die anderen wollen eine Fahrradtour durch die Felder und Wiesen machen.

„Da können wir bestimmt viele Tiere und überhaupt die Natur beobachten“, freut sich Max, als Rudi und Elsa mit ihren Fahrrädern vor dem Haus stehen. „Papa packt gerade noch Proviant für ein Picknick ein. Dann sind wir gut versorgt.“

„Super“, sagt Elsa. „Jetzt kann es losgehen.“

Papa kommt aus dem Haus und befestigt die schweren Taschen am Fahrrad. Die Picknickdecke klemmt er auf den Gepäckträger. „Hier, Max“, sagt Papa, „du musst die kleinen Taschen bei dir anhängen. Alles kann ich auch nicht schleppen.“

Max nimmt die kleinen Fahrradtaschen und macht sie an seinem Gepäckträger fest.

„Haben wir alles? Können wir los?“, fragt er.

„Jupp“, sagt Papa und will gerade aufsteigen, da ruft Elsa: „Du musst aber noch deinen Helm aufsetzen, sonst nehmen wir dich nicht mit. Der ist wichtig.“

„Stimmt, den hätte ich fast vergessen. Gut, dass du aufgepasst hast.“

Alle vier schwingen sich auf ihre Räder und fahren gemütlich aus dem Ort hinaus in Richtung Weiden. Dahin, wo die Bauern ihre Felder und Wiesen haben, wo keine Häuser mehr stehen und nur wenig Autos fahren. Hier kann man die Natur ganz besonders gut beobachten.

„Habt ihr den Riesenvogel gesehen?“, fragt Rudi auf einmal. „Da rechts über uns.“

„Ja, das ist ein Storch. Der sucht bestimmt Futter für seine Jungen“, überlegt Max.

„Bei den Störchen ist es meistens so, dass ein Elternteil bei den Küken bleibt und der andere sich auf die Suche nach Futter macht. So ist immer einer beim Kind“, erklärt Papa.

Als sie schon eine ganze Weile unterwegs sind, fragt Papa: „Sagt mal Kinder, wollen wir eine Pause machen und uns auf die Picknickdecke setzen?“

„Oh ja, gerne“, ruft Elsa.

„Superidee“, findet Max und Rudi sagt: „Wie wäre es da vorne links auf der Wiese. Da sind ein paar Bäume. Dann können wir im Schatten sitzen.“

„So machen wir das“, stimmt Papa zu.

Sie fahren mit ihren Rädern auf die Wiese zu den Bäumen und packen ihre Fahrradtaschen aus.

„Hey, hört mal“, sagt Max, als sie alle auf der Decke sitzen und sich das Picknick schmecken lassen. „Was ist denn das für ein Vogel?“ Alle lauschen ganz gespannt. Dann hören sie es auch.

„Den kenne ich“, sagt Rudi, „das ist ein Kuckuck.“

„Das ist doch der Vogel, der seine Eier in fremde Nester legt und seine Küken von anderen Vögeln aufziehen lässt“, sagt Elsa.

„Boah, wie fies. Einfach seine Kinder weggeben“, findet Max.

„Das ist bestimmt besser, als die Eier alleine zurückzulassen. Dann eben lieber zu einer anderen Familie“, überlegt Rudi.

„Aber gemein ist das schon. Stellt euch mal vor, bei den Menschen kümmern sich die Eltern nicht um ihre Kinder“, sagt Elsa.

„Ja“, geht Papa auf die Worte von Elsa ein, „damit solche Kinder aber auch eine Familie haben, gibt es ja den Artikel 20 in den Kinderrechten. Papa sucht den Artikel über sein Handy. Nach kurzer Zeit sagt er: „Der lautet so: *Ein Kind, das vorübergehend oder dauernd aus seiner familiären Umgebung herausgelöst wird oder dem der Verbleib in dieser Umgebung im eigenen Interesse nicht gestattet werden kann, hat Anspruch auf den besonderen Schutz und Beistand des Staates.*

Die Vertragsstaaten stellen nach Maßgabe ihres innerstaatlichen Rechts andere Formen der Betreuung eines solchen Kindes sicher [...].“

„Okay“, sagt Max. „Wenn ein Kind aus irgendwelchen Gründen nicht mehr bei seinen Eltern leben kann, muss also Ersatz gefunden werden.“

„Genau, und dabei muss überlegt werden, was für das Kind das Beste ist“, ergänzt Elsa.

„Ja, es ist sehr wichtig, für das Kind einen guten Platz zu finden. Denn die Kinder haben ja schon genug hinter sich, wenn die Eltern sich nicht mehr um sie kümmern können. Die Mitarbeiter vom Jugendamt prüfen, ob das Kind bei einer anderen Familie, also einer Pflegefamilie, oder vielleicht einem Kinderheim am besten aufgehoben ist“, erklärt Papa.

„Aber bei dem Kuckuck ist das anders. Der versteckt einfach seine Eier bei anderen Vögeln, ohne dass sie es wissen. Und automatisch ziehen sie den Kuckuck groß“, sagt Rudi.

„Nee, bei uns Menschen muss immer einer dafür sorgen, dass die Kinder in eine ausgesuchte Familie oder in ein ausgesuchtes Heim kommen. Da gibt es Menschen, die dafür ausgebildet sind, sich um diese Kinder zu kümmern", erklärt Papa.

„Gib mir mal bitte das Fernglas, Papa. Ich glaube, da oben auf dem Baum, da sitzt der Kuckuck. Ist der grau und hat auf dem Bauch so weiße Ringe?", fragt Max.

„Ja", antwortet Elsa, die sich sehr gut mit Vögeln auskennt. Alle nehmen ihre Ferngläser aus den Fahrradtaschen und beobachten in aller Ruhe den Kuckuck.

21
Wenn du für immer in eine andere Familie kommst

Max sitzt auf seinem Leuchtturm und denkt nach. Dabei schaut er aus dem Fenster. „Wenn wir unter dem Leuchtturm einen Stall bauen würden, könnte es vielleicht klappen. Ich muss nur noch Papa davon überzeugen", überlegt er. Er zieht an der Klingelleitung und wartet, bis Papa sich auf der anderen Seite durch das Dosentelefon meldet.

„Ja, bitte Max, was ist denn?", hört er Papa fragen.

„Papa, erzähl mir doch bitte mal eben, wie das nochmal mit dieser Adoption war. Dazu steht doch auch was in den Kinderrechten", fällt Max ein.

„Warte einen kleinen Moment", antwortet Papa. „Ich komme zu dir. Dann kann ich dir das besser erklären."

Papa klettert auf den Turm. „Na du, was ist denn so wichtig an der Adoption?", fragt er.

„Ich wollte einfach mal wissen, was das eigentlich genau ist", sagt Max.

„Also, erstmal muss du wissen, dass eine Adoption die Annahme eines Kindes ist. Egal, ob es das eigene oder ein fremdes Kind ist. Eine Adoption findet statt, wenn das Kind aus irgendwelchen Gründen nicht mehr zu Hause wohnen kann."

„Sehr gut", freut sich Max auf einmal.

„Wie bitte?“, fragt Papa. „Ach nichts. Erklär mal weiter.“

„In den Kinderrechten steht dazu eine ganze Menge. Wenn es dir zu viel ist, sag mir Bescheid, höre ich auf vorzulesen. *Die Vertragsstaaten, die das System der Adoption anerkennen oder zulassen, gewährleisten, dass dem Wohl des Kindes bei der Adoption die höchste Bedeutung zugemessen wird; die Vertragsstaaten stellen sicher, dass die Adoption eines Kindes nur durch die zuständigen Behörden bewilligt wird [...], erkennen an, dass die internationale Adoption als andere Form der Betreuung angesehen werden kann, wenn das Kind nicht in sein Heimatland in einer Pflege- oder Adoptionsfamilie untergebracht oder wenn es dort nicht in geeigneter Weise betreut werden kann; stellen sicher, dass das Kind im Fall einer internationalen Adoption in den Genuss der für nationale Adoption geltenden Schutzvorschriften und Normen kommt [...]*“, liest Papa den Artikel vor.

„So lange hast du ja noch nie zugehört, wenn ich einen Artikel vorgelesen habe. Hast du verstanden, worum es hier eigentlich geht?“

„Ja, habe ich. Wenn ich also ein Kaninch ..., ähm ich meinte, Kind adoptieren will, muss es für das Kind das Beste sein, richtig?“

„Richtig! Aber warum Kanin ...“

„Jetzt nicht Papa. Ich muss das durch die Behörden in dem anderen Land machen lassen, aber in Absprache mit unserer Gartenlandbehörde. Danach müssen wir anerkennen, dass wir das Kanin ..., ähm, Kind hier aufnehmen, weil es in seinem Heimatland nicht geeignet betreut werden kann. Und natürlich werden wir sicherstellen, dass das Kanin ..., ach, Kind nach den Schutzvorschriften untergebracht wird. Das wird alles so klappen, Papa", freut sich Max.

„Kannst du mir bitte mal erklären, was du vorhast?", fragt Papa.

„Das ist doch ganz einfach. Ich habe alles genau gecheckt. Der Adoption eines kleinen Kaninchens von Rudi steht nichts mehr im Wege. Oh Papa, ich freu mich so", sagt Max.

„Kaninchen? Von Rudi? Alles kann klappen? Alles gecheckt? Werden wir da auch noch gefragt? Denn wenn ich das richtig sehe, muss die Gartenlandbehörde hier noch mitmachen. Sonst wird das nichts mit der Adoption eines Kaninchens", gibt Papa zu bedenken.

„Och Papa. Jetzt mach das nicht so kompliziert."

„Das ist so kompliziert. Man kann ein Kind nicht einfach mal eben so adoptieren. Das muss sehr gut überlegt und geprüft sein. Wer ein Kind adoptieren will, muss genau belegen können, wo das Kind lebt und wie sich die Adoptiveltern um das Kind kümmern können."

„Aber das habe ich doch schon alles ganz genau geplant und geprüft. Wir können einen Kaninchenstall hier unter dem Leuchtturm bauen. Da ist das Kaninchen gegen schlechtes Wetter geschützt. Außerdem ist es auch nicht alleine, weil ich doch oft auf dem Leuchtturm oder im Garten bin. Wir müssen nur noch klären, wie es mit dem Futter für das Kaninchen aussieht. Kannst du das kaufen?", fragt Max.

„Ja, klar könnte ich das, aber ..."

„Super, dann ist ja alles geklärt, wir können das Kaninchen adoptieren."

„Moment, nicht so schnell. Wir müssen erstmal herausfinden, ob es für das Kaninchen auch das Beste ist, hier einzuziehen", will Papa noch nicht ganz so schnell einlenken.

„Na klar. Alle Behörden, also die aus dem Rudiland und die aus unserem Gartenland, wissen, dass das Kaninchen hier gut aufgehoben ist. Im Sommer kann es unter dem Leuchtturm in einem Gehege wohnen. Und im Winter, wenn es kalt wird, kann das Kaninchen in den Schuppen neben dem Haus einziehen. Da müssen wir nur noch einen Stall hineinbauen. Aber das hat ja noch ein bisschen Zeit, denn erstmal ist ja Sommer. Und wenn das Kaninchen nicht zu uns kommt, wissen wir nicht, wer es bekommt, und ob das Kaninchen es dort wirklich guthat", sagt Max und blinzelt Papa dabei von der Seite an.

„Und du bist dir sicher, dass wir ein gutes Team sind, um uns um das Kaninchen zu kümmern?", fragt Papa nochmal.

„Aber natürlich. Wenn nicht wir zwei ein Superteam sind, wer dann? Und außerdem kann Mama ja noch in unser Team kommen. Dann sind wir nicht nur ein Superteam, sondern ein Spitzenteam", erklärt Max.

„Na dann, ab zu Rudi und Kaninchen angucken. Ich möchte schon wissen, wie groß das Kaninchen wird, das offenbar demnächst bei uns einzieht."

22
Wenn ein Kind aus einem anderen Land fliehen muss

Nachdem Max und Papa bei Rudi waren und sich die Kaninchenjungen angeschaut hatten, kam Rudi und Max auf die Idee, mal wieder gemeinsam auf dem Leuchtturm der Kinderrechte zu übernachten. Rudi hat gleich seine Sachen gepackt und ist mit zu Max nach Hause gefahren.

„Das geht aber nur, weil gerade Ferien sind", hat Rudis Papa noch gesagt.

Max und Rudi sind im Leuchtturm und richten sich für die Nacht ein. Als es langsam Abend wird und die Dämmerung einsetzt, kommt Papa zu den beiden Jungs. Er hat Schnittchen und etwas zu trinken dabei. Außerdem gibt es noch kleine Naschereien für später. So sitzen die drei auf der Terrasse des Leuchtturms, essen Abendbrot und schauen dabei in den Garten.

„Wow, was war das denn?", fragt Max auf einmal. Papa und Rudi schauen Max an und wissen gar nicht, was er meint, denn sie haben nichts mitbekommen.

„Hier ist gerade ein Vogel durch den Garten geflogen. Der war gar nicht zu hören. Nur zu sehen", sagt Max.

„Ach, das war bestimmt eine Waldohreule. Die fliegen jetzt durch die Gegend und suchen Futter für ihre Küken", erklärt Papa.

„Ich weiß gar nicht, wie so eine Eule aussieht. Wo ist sie?“, fragt Rudi.

„Wir müssen mal abwarten und horchen, wo sie sitzt“, meint Papa und erklärt: „Das ist nämlich so. Die Eulenküken sind Nestflüchter. Mit wenigen Wochen verlassen sie schon das Nest und klettern im Baum weiter nach oben. Aber immer so, dass sie möglichst nicht von anderen Tieren gesehen werden. Damit die Eltern ihre Küken auch wiederfinden, rufen die Küken. Und so wissen die Eltern, wo sie hinfliegen müssen. Wichtiger sind diese Rufe allerdings, wenn die kleinen Eulen schon fliegen können. Dann fliegen sie auf andere Bäume und die Eltern müssen sie suchen.“

Plötzlich ertönt ein eigenartiger Vogelruf. „Habt ihr gehört?“, fragt Papa. „Das war die Waldohreule.“

„Ja, ich habe sie auch gehört“, sagt Rudi und Max nickt.

„Aber Papa, warum flüchten die denn und vor wem?“, möchte Max gerne wissen.

„Den Eulen wird es zu eng im Nest. Deswegen verlassen sie es. Damit sie aber nicht von Greifvögeln gefunden werden, flüchten sie immer wieder auf einen anderen Baum. Dann können andere Vögel, die vielleicht eine Gefahr für die Eulenküken wären, sie nicht finden.“

„Menschenkinder müssen auch manchmal fliehen. Das habe ich in den Kindernachrichten gestern gesehen“, sagt

Rudi. „Die brauchen besonderen Schutz, haben die in den Nachrichten gesagt."

„Das stimmt", sagt Papa. „Das steht in Artikel 22 der Kinderrechte: *Die Vertragsstaaten treffen geeignete Maßnahmen um sicherzustellen, dass ein Kind, das [...] als Flüchtling angesehen wird, angemessenen Schutz und humanitäre Hilfe bei der Wahrnehmung der Rechte erhält, die in diesem Übereinkommen [...] festgelegt sind, und zwar unabhängig davon, ob es sich in Begleitung seiner Eltern oder einer anderen Person befindet oder nicht.*

Zu diesem Zweck wirken die Vertragsstaaten [...] bei allen Bemühungen mit, [...] um ein solches Kind zu schützen, um ihm zu helfen und um die Eltern oder andere Familienangehörige eines Flüchtlingskinds ausfindig zu machen mit dem Ziel, die für eine Familienzusammenführung notwendigen Informationen zu erlangen.

Können die Eltern oder andere Familienangehörige nicht ausfindig gemacht werden, so ist dem Kind [...] derselbe Schutz zu gewähren wie jedem anderen Kind, das aus irgendeinem Grund dauernd oder vorübergehend aus seiner familiären Umgebung herausgelöst ist", liest Papa mal wieder einen so schwierigen Text aus den Kinderrechten vor.

„Wenn also die Eulenkinder aus ihrem Nest flüchten und wir feststellen, dass die Eltern sie nicht mehr versorgen, müssen wir uns um sie kümmern“, fasst Rudi noch einmal zusammen, was Max' Papa da gerade vorgelesen hat.

Max, Rudi und Papa sitzen noch einen Augenblick da und gucken in den Abendhimmel. Sie hoffen, die Eule noch einmal zu sehen. Hören können sie diese immer wieder, aber sie lässt sich nicht mehr blicken. Nach einer Weile will Papa gerade aufstehen, um ins Haus zu gehen. Da sehen sie, wie ein Schatten durch die Luft gleitet und direkt auf dem Leuchtturm landet. Als die Eule die Menschen sieht, fliegt sie gleich wieder weg.

„Habt ihr sie gesehen? Ich hätte sie mir gerne noch länger angeguckt“, sagt Rudi.

„Und wie leise die fliegen können. Unglaublich. Komm Rudi, wir gehen in den Leuchtturm. Wir können noch unsere Nascherei essen und danach gehen wir ins Bett. Ich bin echt müde geworden“, gähnt Max.

„Aber Zähneputzen nicht vergessen. Ich geh jetzt ins Haus. Gute Nacht!“, sagt Papa.

„Gute Nacht!“, antworten Rudi und Max.

23
Kindern mit Behinderung müssen wir helfen

Max und Rudi haben auf dem Leuchtturm der Kinderrechte übernachtet. Am Morgen werden beide von der Sonne geweckt.

„Rudi, kannst du mal das Radio anmachen. Ich habe nämlich keine Arme mehr“, sagt Max, der sich so in seine Decke eingedreht hat, dass nur noch der Kopf herausguckt. Rudi schaltet das Radio ein und schaut Max an.

„Das muss echt blöd sein, wenn jemand keine Arme hat. Dann braucht man bei allem Hilfe.“

„Es gibt auch Kinder, die können gar nicht laufen, die müssen in einem Rollstuhl sitzen“, überlegt Max. „Rudi, die könnten gar nicht mit auf den Leuchtturm. Das wäre ja total unfair. Stell dir mal vor, einer von uns könnte nicht laufen und wir anderen sitzen alle auf dem Turm. Dann wäre der eine ja total ausgegrenzt. Das wäre aber absolut oberfies.“

„Da würde nur eins helfen“, sagt Rudi. „Eine Rampe! Dann könnten wir den Rollstuhl nach oben schieben.“

„Oder ein Flaschenzug“, schlägt Max vor. „So einen, wie wir ihn hier schon haben, wenn wir kleine Dinge hochbringen wollen. Aber der müsste viel stabiler gebaut sein.“

„Das ganze Leben wäre komplizierter. Das ist ja echt unfair“, findet Rudi.

Nach diesem Satz entsteht auf einmal eine Stille. Nur das Radio spielt noch Musik. Max und Rudi schauen sich an und wissen gar nicht, was sie sagen sollen.

Auf einmal klingelt das Dosentelefon. Max spricht hinein: „Ja?“

„Guten Morgen, wollt ihr auf dem Leuchtturm essen oder kommt ihr ins Haus?“, fragt Papa.

„Lieber hier oben“, antwortet Max.

„Okay, ich bringe euch das Frühstück. Bis gleich“, beendet Papa das Telefonat.

„Ich glaube, das nennt man eine Behinderung“, sagt Rudi auf einmal.

„Ja, glaube ich auch“, bekräftigt Max. „Aber da gibt es ganz viele verschiedene Arten von Behinderungen. Behinderungen, bei denen der Körper irgendwas nicht richtig kann und Behinderungen, bei denen der Kopf was nicht richtig kann.“

In diesem Augenblick kommt Papa am Leuchtturm an. „Max, zieh mal das Seil hoch. Da hängt der Korb mit eurem Frühstück dran“, ruft Papa und will eigentlich schon wieder gehen.

„Papa, warte mal. Kannst du nicht mit uns frühstücken?“, fragt Max.

„Eigentlich habe ich ja schon gegessen. Aber ich hole mir noch einen Kaffee und setze mich zu euch", beschließt Papa und flitzt wieder zum Haus. Max und Rudi holen das Frühstück aus dem Korb und stellen alles auf den Tisch.

Als Papa wieder zurück ist und sich zu den Jungs an den Tisch setzt, sagt Rudi: „Wir wollen dich was fragen. Gibt es in den Kinderrechten auch etwas über behinderte Kinder? Wir haben nämlich gerade festgestellt, dass die doch extra Hilfe brauchen, um alles so machen zu können wie wir."

„Zum Beispiel, wenn einer im Rollstuhl sitzt, wie soll der denn hier hochkommen?", fragt Max.

„Aha, dann wollen wir doch mal eben schauen. Dazu gibt es auf jeden Fall was in den Kinderrechten", weiß Papa und nimmt sein Handy, um im Internet nachzugucken. „Hier habe ich was gefunden. Artikel 23: *Die Vertragsstaaten erkennen an, dass ein geistig oder körperlich behindertes Kind ein erfülltes und menschenwürdiges Leben unter Bedingungen führen soll, welche die Würde des Kindes wahren, seine Selbstständigkeit fördern und seine aktive Teilnahme am Leben der Gemeinschaft erleichtern.*

Die Vertragsstaaten erkennen das Recht des behinderten Kindes auf besondere Betreuung an und treten dafür ein und stellen sicher, dass dem behinderten Kind und den für seine Betreuung Verantwortlichen im Rahmen der verfügbaren Mittel auf Antrag die Unterstützung zuteil wird, die dem Zustand des Kindes sowie den Lebensumständen der Eltern oder anderer Personen, die das Kind betreuen, angemessen ist", liest Papa vor.

Dann erklärt er: „Die behinderten Kinder und ihre Eltern sollen außerdem nichts für die Hilfen bezahlen müssen, die sie dabei unterstützen, vollständig integriert zu werden."

„Na, das klingt doch gut", sagt Max. „Rudi, da hast du die richtige Idee gehabt. Wenn ein Kind in einem Rollstuhl sitzt, muss eine Rampe gebaut werden, damit das Kind trotzdem dort hochkommt, wo wir einfach Stufen gehen können."

„Behinderte Kinder sollen nicht ausgeschlossen werden", fährt Rudi fort.

„Genau, diese Kinder haben das Recht auf eine besondere Förderung und Unterstützung", ergänzt Papa. „Diesen Kindern stehen auch alle Kinderrechte zu, sodass sie genauso wie ihr ein glückliches Leben führen und überall aktiv teilhaben können."

„Wir hätten eigentlich auch bei der Spielplatzplanung daran denken müssen", beschließt Max.

24
Um die Gesundheit eines Kindes muss man sich kümmern

Rudis Kaninchen hatten Junge bekommen, und Max hatte mit Papa abgemacht, dass er eins von den Kaninchen bekommen darf. Dafür wollen sie ein Gehege unter dem Leuchtturm der Kinderrechte anlegen. Hier soll das Kaninchen im Sommer wohnen. Für den Winter wollen sie einen Stall im Schuppen bauen, denn dort wird es nicht so kalt und nass.

„Das ist wichtig, denn sonst kann dein Kaninchen ganz schnell krank werden", hatte Papa gesagt.

Max und Papa ziehen einen Draht um den unteren Teil des Leuchtturms. Hier soll das Kaninchen wohnen. „Der Zaun ist wichtig, denn so kann es nicht weglaufen, aber es kann auch kein anderes Tier hierherkommen und unser Kaninchen ärgern", erklärt Papa.

„Und das Gehege wird richtig schön groß. So hat das Kaninchen unter dem Leuchtturm viel Platz zum Laufen und Fressen", freut sich Max. „Papa, wir müssen aber auch noch eine kleine Hütte für das Kaninchen bauen. Vielleicht muss es auch einfach mal für sich sein, also seine Privatsphäre haben. So wie es in Artikel 16 der Kinderrechte steht."

„Das können wir gerne machen", stimmt Papa zu.

Als sie mit dem Einzäunen und dem Bauen der Hütte fertig sind, wollen sie zu Rudi fahren und das Kaninchen abholen.

„Papa, wie spät ist es? Rudi hat erzählt, dass er um 15 Uhr noch einmal mit allen Kaninchen zum Tierarzt muss. Sie werden geimpft und genau untersucht. Er hat gesagt, dass sie das machen, um sicher zu sein, dass alle Kaninchen wirklich gesund sind."

„Das ist ja auch wichtig. Kinder haben ein Recht auf Gesundheit und auf medizinische Versorgung", bekräftigt Papa.

„Wenn das Kaninchen bei uns wohnt, müssen wir auch mit ihm zum Tierarzt?", fragt Max.

„Wenn es dem Kaninchen nicht gut geht, es geimpft werden muss oder eine andere Untersuchung braucht, dann ja. Das ist so, als wenn es unser Kind wäre. Wir müssen gut für das Kaninchen sorgen", erklärt Papa. „In Artikel 24 der Kinderrechte steht: *Die Vertragsstaaten erkennen das Recht des Kindes auf das erreichbare Höchstmaß an Gesundheit an sowie auf Inanspruchnahme von Einrichtungen zur Behandlung von Krankheiten und zur Wiederherstellung der Gesundheit. […]*

Die Vertragsstaaten bemühen sich, die volle Verwirklichung dieses Rechts sicherzustellen, und treffen insbesondere geeignete Maßnahmen, um […] sicherzustellen, dass alle Kinder die notwendige ärztliche Hilfe und Gesundheitsfürsorge erhalten [...]; Krankheiten sowie Unter- und Fehlernährung auch im Rahmen der gesundheitlichen Grundversorgung zu bekämpfen [...], wobei die Gefahren und Risiken der Umweltverschmutzung zu berücksichtigen sind [...]

„Reicht Papa. Ich glaube, ich weiß Bescheid“, unterbricht Max Papa beim Vorlesen des Artikels. „Man muss darauf achten, dass die Kinder gesund sind, dass sie immer genügend und gesundes Essen, sauberes Trinken und vor allem auch eine saubere Umwelt haben. Dann können sie gut und sicher aufwachsen.“

„Genau“, bestätigt Papa, „und weil im Moment noch Rudi dafür verantwortlich ist, muss er mit den Kaninchen zum Tierarzt.“

„Und wir müssen das machen, wenn die Kaninchen bei uns wohnen. Richtig?“, fragt Max.

„Richtig! Aber sag mal eben, warum denn nun die Kaninchen?“, fragt Papa.

„Komm, wir fahren lieber mal schnell zu Rudi“, lenkt Max Papa ab.

Und so düsen die beiden mit ihren Fahrrädern los. Unterwegs sagt Papa: „Max, ich habe da noch eine Frage. Warum hast du denn von den Kaninchen gesprochen? Also die Mehrzahl benutzt.“

„Papa, das ist doch ganz einfach. Ein Kaninchen alleine würde sich total langweilen. Das ist nicht gut für das Kaninchen."

„Aha, und du meinst, dass wir mehr als eins bei uns unterbringen können?"

„Klar, das Gehege ist groß genug. Und ein zweites kleines Haus können wir doch schnell bauen. Das ist kein Problem", freut sich Max.

„Na, da bin ich ja mal gespannt, was Rudi dazu meint", gibt Papa zu Bedenken.

Als Max und Papa bei Rudi eintreffen, ist dieser gerade dabei, seine Kaninchen wieder in das Freigehege zu lassen. „Guck mal Max, da hoppeln die Kleinen durch das Gehege. Alle sind gesund, hat der Tierarzt gesagt. Aber es wird Zeit, dass sie ein neues Zuhause bekommen. Deswegen ist es gut, dass ihr hier seid und eure beiden Kaninchen mitnehmt. Für alle zusammen wird es hier zu eng", stellt Rudi fest. „Weißt du noch, welche beiden du haben wolltest?"

„Natürlich", antwortet Max. „Das Weiße mit dem schwarzen und dem weißen Ohr. Und das braun-weiß-schwarz Gefleckte."

„Soso", meldet sich Papa zu Wort, „das ist also schon alles ganz genau abgesprochen. Na, dann kommt doch mal her ihr beiden. Habt ihr denn auch schon Namen?", fragt Papa.

„Ja, das sind Hermann und Claus“, ruft Max.

Papa und Max nehmen die beiden Kaninchen und setzen sie in die Transportbox, die sie extra mitgebracht haben. „Dann wollen wir mal wieder fahren und Hermann und Claus ihr neues Zuhause zeigen. Hoffentlich fühlen sie sich dort auch wohl“, sagt Papa.

„Bestimmt“, freut sich Max und ergänzt noch: „Wir haben ja alles so eingerichtet, wie es für die beiden am besten ist, also zu ihrem Wohl. So wie es in Artikel 3 der Kinderrechte steht, das gilt auch für Kaninchenkinder.“

25
Wenn du in einer Pflegefamilie lebst

Max sitzt im Gehege unter dem Leuchtturm und spielt mit den beiden Kaninchen. Erst vor ein paar Tagen sind sie bei ihm eingezogen. Rudi kommt zu Max in den Garten.

„Hallo Max", ruft er. „Na, bist du wieder bei Hermann und Claus?

„Ja, genau, ich spiele mit ihnen. Dann wird ihnen nicht langweilig", erklärt Max. „Außerdem muss ich ja auch schauen, dass es beiden gutgeht. Ich bin ja jetzt ihr Papa und muss dafür sorgen, dass sie immer genug zu trinken und zu essen haben und ..."

„Und du musst gucken, dass sie auch immer gesund sind. Wenn nicht, müsst ihr mit den beiden zum Tierarzt fahren", beendet Rudi den Satz von Max.

„Eben so, wie es in Artikel 24 der Kinderrechte beschrieben ist", fährt Papa auf einmal fort, als er aus seiner Werkstatt kommt.

„Schaut mal. Ich habe für Hermann und Claus was zum Spielen gebaut. Da können sie raufklettern oder sich drunter verstecken. Vielleicht haben sie ja Lust auf sowas", sagt Papa, nimmt sein für die Kaninchen gebautes Spielzeug und stellt es in das Gehege.

„Das sieht super aus. Ich bin gespannt, ob es ihnen gefällt", ruft Max und steht auf. „Ich gehe mal raus aus dem Gehege, können Hermann und Claus sich mit dem neuen Spielzeug beschäftigen", beschließt er.

„Ich denke", überlegt Rudi, „den beiden Kaninchen geht es hier gut. Das gefällt mir!"

„Na klar, wir kümmern uns ja auch immer um sie", erklärt Max.

Papa überlegt: „Leider ist das nicht immer so. Manchmal sind die Menschen nicht so gut zu den Tieren. Dann wäre es besser, wenn die Tiere woanders untergebracht würden."

„Und manchmal sind auch Erwachsene nicht gut zu Kindern", überlegt Max.

„Das weiß ich, weil Tina aus meiner Musikgruppe doch nicht zu Hause wohnen kann. Es war besser für sie, dort nicht mehr zu leben", erzählt Max.

„Stimmt!", sagt Rudi, der Tina auch kennt.

„Eigentlich hatte ich Tina auch für heute eingeladen, damit sie sich die Kaninchen angucken kann", erzählt Max. „Aber Tina kann heute nicht. Sie hat erzählt, dass eine Frau vom Amt kommt. Die Leute vom Amt schauen immer mal vorbei", sagt Max.

„Das ist ja auch wichtig", ergänzt Papa, „denn Tina soll es in der SOS-Kinderdorffamilie ja auch gut gehen. Deswegen wird das vom Amt immer wieder überprüft.

Das steht übrigens auch in den Kinderrechten. Artikel 25 Unterbringung."

„Aber jetzt nicht wieder so einen langen Text. Das ist mir echt zu anstrengend. Okay?", seufzt Rudi.

„Keine Angst", sagt Papa. „Der ist nur ganz kurz. Also, Artikel 25: *Die Vertragsstaaten erkennen an, dass ein Kind, das von den zuständigen Behörden wegen einer körperlichen oder geistigen Erkrankung zur Betreuung, zum Schutz der Gesundheit oder zur Behandlung untergebracht worden ist, das Recht hat auf eine regelmäßige Überprüfung der dem Kind gewährten Behandlung sowie aller anderen Umstände, die für seine Unterbringung von Belang sind",* liest Papa den Artikel 25 der Kinderrechte vor.

„Wenn also ein Kind in einer Pflegefamilie wohnt oder wie Tina in einem SOS-Kinderdorf, hat es ein Recht darauf, dass immer wieder geguckt wird, ob es ihm dort auch gut geht", hören auf einmal alle Tina sagen.

„Hallo Tina, was machst du denn hier? Ich denke, du hast keine Zeit", freut Max sich sehr, als er Tina im Garten sieht.

„Der Termin mit der Frau vom Amt hat gar nicht so lange gedauert. Meine Kinderdorfmutter hat mich noch schnell zu dir gefahren. Ich hoffe, es ist in Ordnung. Ich war ja noch nie hier", sagt Tina etwas schüchtern.

„Na klar!", rufen Rudi und Max zusammen.

„Ich freue mich, dass du noch gekommen bist. Ist bei dir denn alles gut?“, fragt Max.

„Ja, alles bestens. Deswegen ging das auch so schnell“, erklärt Tina. „Das sind dann wohl Hermann und Claus, richtig?“

„Ja, das sind sie“, antwortet Rudi.

„Dann wollen wir doch mal schauen, wie sich die beiden hier in der Pflegefamilie Maximilian Vogel fühlen. Dazu würde ich gerne einmal zu den beiden gehen und mich mit ihnen alleine unterhalten“, sagt Tina und muss dabei ein bisschen kichern. „Ich bin nämlich jetzt mal die Frau vom Amt und kontrolliere, ob es Hermann und Claus gut geht.“

Max lässt Tina in das Gehege und wartet, bis Tina irgendwann sagt: „Alles okay. Die beiden haben mir erzählt, dass sie hier glücklich sind und wirklich gut für sie gesorgt wird. Dann dürfen sie natürlich auch hierbleiben.“

„Puh, da bin ich aber froh“, ruft Max erleichtert. „Aber ich glaube, wir sollten die Tiere jetzt mal in Ruhe lassen“, fährt er fort. „Wollen wir uns auf den Leuchtturm setzen und was trinken?“

„Sehr gerne würde ich ihn von innen sehen“, sagt Tina. „Du hast ja schon so viel davon erzählt.“

So gehen Max, Tina und Rudi auf den Leuchtturm der Kinderrechte. Max und Rudi erzählen Tina alles: Wie der Turm gebaut wurde, warum er Leuchtturm der Kinderrechte heißt, wie der Garten der Kinderrechte zu seinem Namen gekommen ist und vieles mehr.

Als Tina später von ihrer Kinderdorfmutter wieder abgeholt wird, schlägt Max vor: „Wenn wir das nächste Mal auf dem Leuchtturm übernachten, musst du unbedingt dabei sein."

„Gerne!", antwortet Tina.

26
Jedes Kind hat das Recht auf ausreichend Essen und Trinken

Max, Rudi und Johanna sitzen im Leuchtturm der Kinderrechte. Sie hören Musik und schauen aus dem Fenster in den Garten. Heute ist nicht so schönes Wetter. Es hat angefangen zu regnen und windig ist es auch.

„In den Nachrichten haben sie vorhin erzählt, dass es in den nächsten Tagen mit Regen und Wind weitergehen soll. Das ist nicht so gut für die Kaninchen“, sagt Max.

„Stimmt“, bestätigt Rudi. „Noch können sie sich in ihre kleinen Häuschen verkriechen, aber wenn es kälter wird, reicht das nicht mehr.“

„Ich weiß. Papa und ich haben schon abgemacht, dass wir uns am Wochenende darum kümmern wollen. Dann werden wir einen Stall für die Kaninchen bauen. Einen, der auch winterfest ist.“

„Das ist gut. So müssen die Kaninchen im Winter wenigstens nicht frieren“, sagt Johanna.

„Sonst könnten die Kaninchen krank werden und wir müssen mit ihnen zum Tierarzt“, überlegt Max.

„Rudi, wieso hast du eigentlich die Kaninchenjungen weggegeben?“, fragt Johanna.

„Wir haben ja nicht so viel Platz“, erklärt Rudi. „Und als die Kaninchen groß genug waren, habe ich sozusagen Pflegefamilien für die Kleinen gesucht.“

„So wie es in Artikel 20 der Kinderrechte steht“, unterbricht ihn Max.

„Genau! Und bei Max habe ich das Gefühl gehabt, dass er sich gut um die Kaninchen kümmern wird. Du wolltest ja keins haben, Johanna“, fährt Rudi fort. „Sonst hättest du auch eins bekommen können.“

„Nee, das hätte nicht geklappt“, überlegt Johanna. „Man muss sich ja immer um das Kaninchen kümmern: Essen kaufen, zum Tierarzt gehen. Das kostet auch alles Geld. Wir haben ja schon Vögel. Da weiß ich, was es heißt, sich um ein Tier zu kümmern.“

„Da hast du aber wirklich recht“, stimmt Max zu. „Es gibt immer was zu tun.“ Plötzlich klingelt das Dosentelefon. Max spricht hinein: „Ja, bitte, wer ist da?“

„Ich bin es, Papa. Ich wollte nur eben Bescheid sagen, dass ich einkaufen fahre. Wir brauchen noch Kaninchenfutter. Unseres ist alle. Muss ich noch was für euch mitbringen?“

„Nö, ich glaube nicht“, verneint Max und schaut Johanna und Rudi an. Beide schütteln die Köpfe.

„Alles klar. Dann fahre ich los. Ich bin auch ganz schnell wieder da. Bis gleich!“, beendet Papa das Gespräch.

Max, Johanna und Rudi sitzen da und schauen aus dem Fenster. Es regnet immer noch. Also nichts mit Fußballspielen. Sie hören den Regen, der auf den Leuchtturm prasselt und die Musik, die aus dem Radio schallt. Aber Johanna fragt plötzlich: „Kauft dein Papa immer das Kaninchenfutter?"

„Ja, klar. Ich habe dafür ja gar nicht genug Geld", antwortet Max. „Das haben wir aber, bevor wir die Kaninchen bekommen haben, genau abgesprochen."

„Was genau habt ihr abgesprochen?", fragt Rudi neugierig.

„Ich bin dafür zuständig, dass das Gehege und der Stall immer sauber sind, und dass immer genug und sauberes Trinkwasser vorhanden ist. Also alles, was in Artikel 24 der Kinderrechte steht", erklärt Max.

„Okay!", sagt Johanna, „und was macht dein Papa?"

„Der ist für die Dinge zuständig, die Geld kosten, ich habe ja nicht genug Geld."

„Wie läuft denn das genau?", fragt Rudi.

„Das ist wie in Artikel 26 der Kinderrechte", erklärt Max. „Den hat Papa mir vorgelesen. Da steht drin, dass wir Kinder das Recht auf gute Betreuung haben. Und dann kommt da noch was, aber das weiß ich gerade nicht mehr so genau", grübelt Max.

„Okay, und was soll das heißen?“, fragt Johanna, die sich mit den Kinderrechten nicht so gut auskennt wie Max.

„Pass auf, ich erklär dir das“, sagt Max. „Ich bin ja jetzt die Pflegefamilie der Kaninchen. Also muss ich mich darum kümmern, dass es den beiden hier auch wirklich gut geht. Das ist nun mal so. Entweder machen das die richtigen Eltern, oder, wenn die das nicht mehr können, eben solche wie ich. Eben die, die diese Kinder aufgenommen haben. Wenn ich aber nicht genug Geld habe, um alles für meine Kaninchen kaufen zu können, was sie zum Überleben brauchen, hilft mir der Staat. Also das Land, in dem ich lebe.“

„Genau“, ruft auf einmal Papa, der gerade zu den Kindern auf den Leuchtturm kommt. „Unser Garten ist unser Land und ich bin der Staat und weil Max nicht genug Geld für Futter und Tierarzt usw. hat, muss ich das bezahlen, also die soziale Sicherheit der Kaninchen klären. Habt ihr Lust auf Kekse und was zu trinken?“

„Na klar“, rufen Max, Rudi und Johanna gleichzeitig. „Ich habe mir nämlich erlaubt, neue Kekse und Holunderblütensirup mitzubringen. Max, hast du noch Wasser hier?“

„Ja, neben dem Fenster im Regal.“

„Na, dann wollen wir mal die soziale Sicherheit bei euch dreien sicherstellen und gemeinsam was essen und trinken“, sagt Papa und Max holt schon Gläser und Teller.

„Das ist aber echt super, wenn man einen solchen Vertragsstaat hat, der sich so für seine Bewohner einsetzt", überlegt Johanna.

„Auf jeden Fall", stimmt Max zu und hält sein Glas in die Mitte, sodass alle anstoßen können.

27
Dein Recht auf eine gute Entwicklung

Max sitzt auf dem Leuchtturm der Kinderrechte. Er sitzt so, dass er gut aus dem Fenster gucken und dabei überlegen und malen kann. Wenn Papa gleich mit der Arbeit fertig ist, wollen sie gemeinsam einen Kaninchenstall im Schuppen bauen. Das ist wichtig, denn so langsam wird es draußen kälter und die Kaninchen brauchen ein neues Zuhause. Ein Zuhause, in dem sie im Winter wohnen können und nicht frieren müssen. Das Gehege unter dem Leuchtturm ist dafür nicht geeignet. Max hat von Papa die Aufgabe bekommen, eine Zeichnung von einem winterfesten Stall anzufertigen und dabei alles zu bedenken, was der Stall haben muss, damit sich die Kaninchen wohlfühlen. Immerhin sind es ja Max' Pflegekinder, so wie es in Artikel 20 der Kinderrechte beschrieben ist. Max ist dafür verantwortlich, dass es den Kaninchen gut geht.

„Ich muss einen Stall planen, in dem die Kaninchen wie in einem Garten herumhoppeln können und trotzdem eine Möglichkeit haben, sich einzukuscheln", denkt Max und beginnt zu malen. „Erstmal eine Grundfläche, hier in der Ecke soll ein Haus stehen. Drinnen gibt es zwei Etagen. Oben und unten müssen Löcher sein, durch die die Kaninchen durchpassen. Überall muss viel Heu liegen. So können sich die Kaninchen wirklich gut einkuscheln. Das ist wichtig, so fühlen sie sich wohl."

Und während Max gerade darüber nachdenkt, was er für Spielmöglichkeiten für die Kaninchen einbauen kann, klingelt es an der Klingelleitung und Max nimmt das Dosentelefon. „Ich bin es, Papa. Ich bin soweit. Hast du schon eine Zeichnung gemacht?"

„Sie ist fast fertig. Es fehlen nur noch die Spielmöglichkeiten und der Rahmen", erklärt Max.

„Okay, wir treffen uns gleich in der Werkstatt", sagt Papa.

„Ja, ich bin schon unterwegs", antwortet Max, hängt das Dosentelefon an den Haken und macht sich auf den Weg zur Werkstatt, die in dem kleinen Schuppen neben dem Haus ist. Unten am Leuchtturm sagt er noch zu den beiden Kaninchen Hermann und Claus: „Ich muss mal eben weg. Ich baue einen neuen Stall für euch, damit ihr es im Winter auch gemütlich habt."

Max läuft durch den Garten zum Schuppen, wo auf der einen Seite Papas Werkstatt ist und auf der anderen Seite die Fahrräder untergestellt sind. Hier soll der Stall für die Kaninchen stehen. Max nimmt sein Bild und legt es vor Papa auf die Werkbank. „So, hier ist es. So soll der Stall aussehen. Meinst du, wir bekommen das so hin?"

„Aber na klar. Wir sind doch ein Superteam und haben bisher immer alles zusammen geschafft", sagt Papa, nimmt das Bild von Max und schaut sich alles ganz genau an. „Da hast du aber wirklich an alles gedacht. So können die Kaninchen wunderbar den Winter über hier im Schuppen leben. Es gibt ein Haus, Möglichkeiten zum Spielen und Platz für Futter."

Max und Papa legen los. Zuerst suchen sie das Material zusammen. Papa hat immer genug Bretter, Leisten und anderen Kleinkram in der Werkstatt liegen. Dann holen sie sich Schrauben, Nägel und Werkzeuge, die sie brauchen, um den Stall zu bauen. Es wird gesägt, gehämmert, geschraubt, geleimt und gemalt.

„Siehst du, Max", sagt Papa. „Das ist wie in Artikel 27 der Kinderrechte", und liest vor: *„Die Vertragsstaaten erkennen das Recht jedes Kindes auf einen seiner körperlichen, seelischen, sittlichen und sozialen Entwicklung angemessenen Lebensstandard an.*

Die Vertragsstaaten treffen [...] geeignete Maßnahmen, um den Eltern [...] bei der Verwirklichung dieses Rechts zu helfen, und sehen bei Bedürftigkeit materielle Hilfs- und Unterstützungsprogramme insbesondere im Hinblick auf Ernährung, Bekleidung und Wohnung vor."

Während Max und Papa noch weiter am Kaninchenstall bauen, sagt Max: „Das ist aber wieder ganz schön kompliziert geschrieben. Was heißt das denn in Kindersprache?"

„Also, das ist so", sagt Papa. „Jedes Kind hat ein Recht darauf, in sicheren Lebensverhältnissen aufzuwachsen. Eben alles zu haben, was ein Mensch braucht, um gut und gesund groß werden zu können. Dafür sind zuerst einmal die Eltern verantwortlich. Wenn die das nicht hinbekommen können, muss der Staat helfen. Er muss dafür sorgen, dass die wichtigsten Dinge des Lebens vorhanden sind, z.B. Essen, Kleidung und eine Wohnung", erklärt Papa.

„Aha. Dann bist du der Staat, der dafür sorgt, dass es Hermann und Claus bei mir gut geht. Weil ja die Eltern von Hermann und Claus das nicht mehr machen und ich mich zwar um die beiden kümmere, aber eben nicht um alles. Deswegen bist du dafür verantwortlich, dass sie ein Haus und Futter haben. Kleidung brauchen sie ja nicht. Sie haben ja ein Fell", sagt Max.

„Genau. Aber der Staat hilft nur mit Geld und vielleicht mit Beratung für die Pflegeeltern. Ein Pflegepapa bist du ja. Du musst dafür sorgen, dass Hermann und Claus das Essen auch bekommen und in einem Haus, oder eben wie bei uns, in einem Stall, gut und sicher wohnen können."

„Das mache ich. Zusammen bauen wir den Stall und ich sorge dafür, dass dort immer sauber gemacht wird. Du kaufst das Futter und ich sorge dafür, dass sie jeden Tag genügend zu fressen und zu trinken haben", fasst Max noch einmal alles zusammen.

„Ein super Plan. Aber jetzt ist Feierabend, ihr zwei Baumeister. Zeit, selbst mal was zu essen, zu trinken und ins Bett zu gehen“, lacht plötzlich Mama, die in der Tür steht.

„Okay, wir kommen. Und morgen können Hermann und Claus in ihr neues Zuhause einziehen!“

28
Dein Recht auf Bildung

Max sitzt auf dem Balkon des Leuchtturms und schaut in den Garten. Eigentlich wollte er heute mit Rudi spielen. Rudi und Max sind beste Freunde. Zu ihrer Clique gehören auch noch Mohamed, Johanna, Lian, Tina und Elsa. Doch heute wollte sich Max gerne nur mit Rudi treffen, aber der hat keine Zeit. Rudi fährt mit seiner Mama, seinem Papa und seinem Bruder zur Hundeschule.

Das ist nämlich so: Seit zwei Wochen hat Rudis Familie einen Welpen. So nennt man einen Hund, der noch ganz klein, also ein Kind ist. Rudi hatte gesagt, dass der Welpe, genau wie wir Menschen auch, in die Schule gehen muss, um etwas zu lernen. Max hat sich das gleich vorgestellt. Alle Welpen sitzen auf Stühlen an Tischen und ein Lehrer oder eine Lehrerin steht vorne an der Tafel und erklärt den Hunden, was sie lernen müssen. Aber warum müssen alle aus der Familie mit? Bei Menschenkindern sind doch auch nicht alle Familienmitglieder in der Schule mit dabei.

Das weiß Max ganz genau, denn seitdem die großen Ferien zu Ende sind und er nicht mehr in den Kindergarten geht, ist er nämlich endlich ein Schulkind. Max hat sogar das große Glück, dass er mit all seinen Freunden in eine Klasse gekommen ist. Das wollte er so gerne.

„Wenn einer von uns ohne die anderen in einer Klasse sein muss, ist das bestimmt nicht so richtig schön“, hatte Max zu Mama und Papa gesagt. Und die haben sich dafür eingesetzt, dass alle Freunde zusammenbleiben können. Alle sitzen sogar gemeinsam an einem großen Tisch. Frau Richtig ist ihre Klassenlehrerin. Sie steht immer vorne an der Tafel und erklärt den Kindern, was gerade gelernt werden soll. Max und seinen Freunden macht das richtig Spaß.

„Zur Schule gehen ist echt super“, findet Tina.

Max zieht an der Klingelleitung und wartet, bis sich Papa durch das Dosentelefon meldet.

„Hallo Max, was gibt es?“, meldet sich Papa.

„Papa, hast du mal einen Augenblick Zeit und kannst mir was erklären?“, fragt Max.

„Ja, gleich. Du musst noch kurz warten, komme ich zu dir.“ Max nimmt sein Radio und macht sich ein bisschen Musik an. „Mein Turm ist wirklich was Besonderes“, denkt er gerade, als er Papa durch den Garten laufen sieht.

„Na, Max wie sieht es aus? Hast du Durst? Ich habe Wasser und Holunderblütensirup mitgebracht.“ Papa stellt für sich und Max Gläser hin und gießt etwas zu trinken ein. „Was wolltest du denn wissen?“

„Kannst du mir mal erklären, wie das in einer Hundeschule läuft?“, fragt Max. „Ich meine, die Hunde können doch nicht auf Stühlen sitzen und sich aufschreiben, was der Lehrer ihnen erzählt."

„Da hast du natürlich recht. Eine Hundeschule ist ganz anders als eine Menschenschule", erklärt Papa. „Hunde sollen dort lernen, dass sie auf ihre Besitzer hören müssen. Beziehungsweise sollen die Menschen lernen, wie sie mit dem Hund umgehen müssen. Eigentlich lernen dort Mensch und Hund, miteinander zu leben. Das ist wichtig, denn dann weiß der Hund auch, was er machen darf, und was nicht."

„Und muss der Hund auch in einem Klassenzimmer sitzen?", fragt Max.

„Könnte man so sagen", überlegt Papa. „Allerdings ist das Klassenzimmer der Hundeübungsplatz. Dort trainieren die Menschen mit dem Hund. Ein Hundetrainer hilft ihnen dabei."

„Muss denn jeder Hund in die Schule?", will Max wissen.

„Das ist eine gute Frage, das weiß ich auch nicht", antwortet Papa.

„Wir Kinder müssen ja alle in die Schule. Da gab es doch was in den Kinderrechten. Das hatte uns ja Herr Paragraf vom Kinderschutzbund erzählt. Wie war das denn noch?", denkt Max angestrengt nach.

„Das steht in Artikel 28 der Kinderrechte", hilft Papa. „Ich habe den gerade am Handy rausgesucht. Der geht so: *Artikel 28: Die Vertragsstaaten erkennen das Recht des Kindes auf Bildung an; um die Verwirklichung dieses Rechts auf der Grundlage der Chancengleichheit fortschreitend zu erreichen, werden sie insbesondere den Besuch der Grundschule für alle zur Pflicht und unentgeltlich machen;die Entwicklung verschiedener Formen der weiterführenden Schulen allgemeinbildender und berufsbildender Art fördern, sie allen Kindern verfügbar und zugänglich machen und geeignete Maßnahmen wie die Einführung der Unentgeltlichkeit und die Bereitstellung finanzieller Unterstützung bei Bedürftigkeit zu treffen;* und so weiter.

Danach geht es eher um die älteren Kinder. Aber das ist noch wichtig: *Die Vertragsstaaten treffen alle geeigneten Maßnahmen, um sicherzustellen, dass die Disziplin in der Schule in einer Weise gewahrt wird, die der Menschenwürde des Kindes entspricht und im Einklang mit diesem Übereinkommen steht.* Alles klar?"

„Nee, erklär mal bitte wieder in Kindersprache", sagt Max, der das ja schon kennt, dass Papa solche Artikel vorliest.

„Also, das ist so: Du hast das Recht, in die Schule zu gehen. Du sollst eine schulische Ausbildung bekommen und die darf nichts kosten. Dabei sollst du einen Abschluss machen können, damit du später die besten Chancen hast, einen Beruf zu erlernen. Und der Staat muss dafür sorgen, dass alle Kinder in die Schule gehen, und dass dort alle Kinder gut behandelt werden", erklärt Papa.

„Okay, das habe ich verstanden. Eine Hundeschule ist also ganz anders als eine Menschenschule. Schade, ich würde auch gerne mehr draußen lernen. Wieso ist man in der Schule eigentlich meistens drinnen?"

„Vielleicht, weil Unterricht draußen nur im Sommer gut geht. Im Winter wäre es wieder zu kalt und zu nass. Und draußen gibt es keine Tafel, und was sonst noch so gebraucht wird, um den Kindern etwas beizubringen. Für viele Dinge braucht man ein Gebäude."

„Stimmt auch wieder. Dann müsste es eine Schule geben, in der man beides miteinander verbinden kann."

„Und wie soll das aussehen?", fragt Papa.

„Pass auf, der Leuchtturm ist das Klassenzimmer. Wenn es kalt ist, können wir die Fenster schließen. Du müsstest hier noch eine Heizung einbauen. Wenn aber schönes Wetter ist, können wir uns auf den Balkon vom Leuchtturm setzen. Hier sind wir an der frischen Luft, können aber zu jeder Zeit auch auf die Tafel schauen. Außerdem kann man in dieser Schule neben Mathe und Deutsch ganz viel über die Tiere im Garten und über die Umwelt lernen. Hier können auch die Kinderrechte erklärt werden, sodass alle Kinder darüber Bescheid wüssten. Wir könnten auch viel ausprobieren, z.B. handwerkliche Sachen oder Gartenarbeit."

„Das klingt gut!", findet Papa. „Dann mach doch mal einen Plan, wie du dir deine perfekte Schule vorstellst. Wie soll die Schule aussehen, was muss die Schule haben, wo soll die Schule sein, und was sollen die Kinder da lernen."

„Das mache ich, Papa. Aber dazu gehe ich aus meinem Klassenzimmer raus und setze mich auf den Balkon, denn da ist frische Luft und Sonne!"

„Alles klar, und ich gehe wieder in mein Arbeitszimmer", sagt Papa.

„Vielleicht solltest du dir auch ein Arbeitszimmer im Garten machen. Dann kannst du beim Arbeiten auch an der frischen Luft sein", schlägt Max vor.

„Das ist eine gute Idee. Ich kann mich ja auf die Terrasse setzen. Dann können wir uns sehen."

„Ich weiß auch schon, wie meine Schule heißen soll", überlegt Max. „Das wird die Grundschule der Kinderrechte. Auf dem Leuchtturm der Kinderrechte, im Garten der Kinderrechte."

29
Dein Recht auf gute Entwicklung und Förderung durch Bildung

Max, Johanna, Rudi, Mohamed, Elsa und Tina sitzen auf dem Balkon des Leuchtturms und schauen in den Garten. Max hatte mit Papa überlegt, wie die perfekte Schule aussehen sollte, und das will Max seinen Freundinnen und Freunden erzählen. Dafür hat er extra ein großes Plakat gemacht, auf dem er alles, was er wichtig findet, aufgemalt hat. Aber ganz fertig ist es noch nicht. Eigentlich wäre es gut, wenn die Freunde noch etwas ergänzen würden. So könnten sie gemeinsam eine ganz besondere Schule erfinden.

„Also, guckt mal hierher. Das ist der Leuchtturm der Kinderrechte, hier bei uns im Garten der Kinderrechte", fängt Max an, den anderen seine Zeichnung zu erklären. „Das Klassenzimmer ist in zwei Teile aufgeteilt. Es gibt den Teil im Leuchtturm und den anderen Teil auf dem Balkon. Die Kinder können sich immer aussuchen, wo sie sitzen und lernen wollen."

„Das ist eine super Idee, so können alle an der frischen Luft sein", sagt Tina.

„Genau das ist der Plan. Und in den Fächern wie Mathe und Deutsch, bei denen eine Tafel gebraucht wird, können alle im Klassenraum sitzen. Aber es gibt ja zu allen Seiten

Fenster. So ist es im Klassenzimmer schön hell", erklärt Max weiter.

„Und welche Fächer sollen draußen stattfinden?", fragt Elsa.

„Solche Fächer wie Vögel beobachten oder Pflanzen kennenlernen", schlägt Mohamed vor.

„Ja, genau!", ruft Johanna. „Und Sport können wir direkt hier im Garten machen. Im Sommer können wir Spiele auf dem Rasen spielen und im Winter machen wir Schneeballschlachten, fahren Schlitten und bauen Schneemänner", ergänzt sie.

„Dann brauchen wir nur noch einen Lehrer, Max. Hast du da auch schon eine Idee?", erkundigt sich Rudi.

„Vielleicht nehmen wir einfach deinen Papa", schlägt Tina vor.

„Genau, der arbeitet ja eh immer von zu Hause aus. Er kann uns doch auch alles Wichtige beibringen", sagt Rudi.

„Ich weiß nicht, ob das geht. Er ist ja kein richtiger Lehrer", überlegt Max.

„Die Frage ist ja, was wir hier in unserer Schule der Kinderrechte alles lernen wollen. Morgens werden wir ja in die normale Schule gehen, können wir doch nachmittags andere Sachen machen", meint Mohamed.

„Wir könnten uns viel mit der Umwelt beschäftigen, wie wir sie schützen können. Außerdem könnten wir von hier oben gut die Natur beobachten“, bemerkt Johanna.

„Genau, und wir können überlegen, wie wir mit anderen Menschen aus anderen Ländern zusammenleben“, meint Elsa.

„Das ist so ähnlich wie in der Hundeschule“, wirft Rudi ein. „Da mussten wir auch lernen, wie wir mit dem Hund gut umgehen und leben können. Und zwar so, dass es allen dabei gut geht. Dass wir uns respektieren, hat die Hundetrainerin erklärt.“

„Das ist doch ein guter Plan“, sagt Papa, der gerade zu den Kindern auf den Leuchtturm kommt. „Und wie ist es mit Menschenrechten und Kinderrechten?“, fragt er.

„Die musst du uns beibringen“, schlägt Max vor. „Du kennst dich doch so gut damit aus.“

„Ich glaube, dass ich euch da gar nicht mehr viel beibringen muss“, lacht Papa. „Ihr macht das ja schon ganz von alleine. Denn alles, was ihr gerade besprochen habt, steht auch in Artikel 29 der Kinderrechte. Da geht es um die Bildungsziele: *Die Vertragsstaaten stimmen darin überein, dass die Bildung des Kindes darauf gerichtet sein muss, die Persönlichkeit, die Begabung und die geistigen und körperlichen Fähigkeiten des Kindes voll zur Entwicklung zu bringen; dem Kind Achtung vor den*

Menschenrechten und Grundfreiheiten [...] zu vermitteln; dem Kind Achtung vor seinen Eltern, seiner kulturellen Identität, seiner Sprache und seinen kulturellen Werten [...] sowie vor anderen Kulturen als der eigenen zu vermitteln; das Kind auf ein verantwortungsbewusstes Leben in einer freien Gesellschaft im Geist der Verständigung, des Friedens, der Toleranz, der Gleichberechtigung der Geschlechter und der Freundschaft zwischen allen Völkern und ethnischen, nationalen und religiösen Gruppen sowie zu Ureinwohnern vorzubereiten; dem Kind Achtung vor der natürlichen Umwelt zu vermitteln.

Außerdem steht noch im Artikel 29, dass man nur dann eine eigene Schule machen darf, wenn man sicherstellen kann, dass man alles unterrichtet, was Kinder in den unterschiedlichen Altersstufen lernen müssen. Denn das ist wichtig. Ihr müsst ja später lesen, schreiben und rechnen können. Und euch vielleicht auch noch mit einer anderen Sprache beschäftigen. Und es gibt ja weitere Fächer: Sport, Kunst, Musik und Sachunterricht. Das kann ich nicht alles alleine unterrichten. Dafür braucht die Schule Fachlehrer, die sich besonders gut damit auskennen. Wichtig ist es, dass in der Schule eben nicht nur solche Dinge unterrichtet werden. Ihr sollt auch die Dinge verstehen, die am Anfang dieses Artikels stehen. Ihr habt das Recht auf eine Bildung, die euch helfen soll, eure Talente und Fähigkeiten zu entwickeln. Ihr sollt in der Schule vorbereitet werden, in Frieden zu leben und die Umwelt zu schützen. Und die Schule soll euch helfen, andere Menschen zu respektieren, egal welcher Religion oder Kultur sie angehören. Außerdem sollt ihr in der Schule die Menschen- und Kinderrechte kennenlernen und verstehen", erklärt Papa.

„Müssen wir das alles in der Schule machen?", fragt Johanna.

„Nee, das geht doch auch schon zu Hause los", sagt Rudi.

„Oder im Kindergarten", fällt Tina ein.

„Eben überall, wo wir Kinder was lernen. Wir müssen dort so unterrichtet werden, dass wir alles lernen können", beschließt Max.

30 Dein Recht auf eine eigene Sprache und Religion

Nachdem Max und Papa einen neuen Stall für die Kaninchen Hermann und Claus gebaut hatten, sollen die beiden dort einziehen. Dazu geht Max in das Gehege und nimmt sie auf den Arm, um sie in den Schuppen zu bringen, in dem der winterfeste Stall seinen Platz gefunden hat. Er setzt die Kaninchen dort hinein, sodass sie ihr neues Zuhause erkunden können. Wenn es wieder warm wird, sollen sie aber wieder nach draußen.

Danach geht Max auf seinen Leuchtturm und blättert in einem Buch, das er gestern bekommen hat. Max sieht sich Bilder von unterschiedlichen Menschen mit ganz unterschiedlichen Hautfarben und Haaren an. Manche sind ganz anders gekleidet, als er es kennt, und manche haben sich sogar verkleidet.

„Die sehen irgendwie komisch aus. Was die wohl machen?“, fragt sich Max.

Es ist Sonntag und deswegen läuten die Glocken der Kirche. „Vielleicht sollten wir auch mal zur Kirche in den Gottesdienst gehen“, denkt Max.

Das Dosentelefon klingelt. Mama ist dran: „Hallo Max, Mohamed ist da und kommt zu dir in den Garten.“

„Alles klar, ich bin auf dem Leuchtturm!“, antwortet Max.

Nach nur einer Minute ist Mohamed auch schon bei Max angekommen. „Na, was machst du gerade?“, fragt er und schaut auf das Buch, das Max noch auf dem Tisch liegen hat.

„Ich schaue mir dieses Buch an. Darin sind Bilder von ganz unterschiedlichen Menschen. Manche sehen so aus, als ob sie sich verkleidet hätten. Ich weiß gar nicht, warum die das gemacht haben“, sagt Max.

Mohamed schaut in das Buch und guckt sich die Bilder genau an. „Die ziehen sich vielleicht zu bestimmten Feiern so an.“

„Aber warum verkleiden die sich denn dafür?“, fragt Max.

„Keine Ahnung“, antwortet Mohamed und schaut sich die Bilder noch einmal an. „Vielleicht ist das ja auch gar keine Verkleidung. Vielleicht sind das die ganz normalen Klamotten, die diese Leute zu ihrem Fest anziehen. Ich glaube, das nennt man Tracht.“

Max und Mohamed schauen aus dem Fenster. Sie sitzen da und denken über die Menschen mit der anderen Kleidung nach. Da klingelt wieder das Dosentelefon und gleichzeitig ist auch schon Papa zu hören: „Max, Elsa ist auch gekommen. Ich schicke sie zu euch.“ Und bevor Max überhaupt reagieren kann, sieht er Elsa auch schon durch den Garten laufen.

„Hallo ihr zwei“, sagt sie, als sie auf den Leuchtturm kommt. „Habt ihr gesehen, dass da hinten bei den Büschen ganz viele Spatzen sitzen?“

„Tatsächlich!“, ruft Mohamed. „Die hüpfen alle durcheinander durch die Büsche. Das sieht ja total witzig aus“, lacht er.

Max ruft auf einmal: „Ob die wohl auch gerade ein Fest feiern?“

„Vielleicht, oder die machen gerade einen Gottesdienst“, überlegt Elsa.

„Nee, das kann nicht sein. Da sitzen die Besucher doch immer ganz still und sagen keinen Mucks“, antwortet Max.

„Es gibt aber auch Gottesdienste, bei denen die Menschen viel mehr mitmachen. Das kommt immer darauf an, wo der Gottesdienst ist, und welche Gruppe den macht. Darüber habe ich was im Fernsehen gesehen“, erklärt Mohamed.

In diesem Augenblick kommt Papa in den Garten und will gerade dort hingehen, wo die Spatzen sitzen. Max, Elsa und Mohamed winken Max' Papa zu und machen Zeichen, dass er da jetzt nicht stören soll. Also geht er zum Leuchtturm.

„Was ist denn los?“, fragt er.

„Du kannst da nicht hingehen. Die Spatzen sind da!“, erklärt Elsa.

„Oh, die habe ich gar nicht gesehen. Ich komme mal zu euch hoch. Dann kann ich mir sie auch anschauen“, schlägt Papa vor und klettert auf den Leuchtturm. Oben angekommen zeigen Mohamed, Elsa und Max Papa die Spatzen, die immer in die Büsche hüpfen und wieder auf dem Rasen landen.

„Siehst du, Papa“, sagt Max. „Es scheint, als ob die Spatzen dort ein Fest feiern.“

„Aber dürfen die das denn eigentlich einfach so in eurem Garten?“, fragt Elsa.

„Na klar“, antwortet Papa. „Die Spatzen sind sozusagen die Ureinwohner hier im Garten. Das ist wie in Artikel 30 der Kinderrechte. Minderheitenschutz. *In Staaten, in denen es ethnische, religiöse oder sprachliche Minderheiten oder Ureinwohner gibt, darf einem Kind, das einer solchen Minderheit angehört oder Ureinwohner ist, nicht das Recht vorenthalten werden, in Gemeinschaft mit anderen Angehörigen seiner Gruppe seine eigene Kultur zu pflegen, sich zu seiner eigenen Religion zu bekennen und sie auszuüben oder seine eigene Sprache zu verwenden“, liest Papa den Artikel 30 der Kinderrechte vor.*

„Das verstehe ich nicht“, gibt Elsa zu. Mohamed und Max nicken, denn sie haben das auch nicht verstanden.

„Passt auf, das ist so“, sagt Papa und erklärt noch einmal anders.

„Jedes Kind hat das Recht, seine eigene Kultur, seine Sprache und seine Religion zu leben, wenn es das möchte. Das darf ihm nicht verboten werden. Und es ist ganz egal, ob das alle Menschen in dem Land machen oder nur ganz wenige, also nur eine Minderheit. Minderheiten und den Menschen, die schon immer in dem Land gelebt haben, also die sogenannten Ureinwohner, steht sogar besonderer Schutz zu."

„Ach so! Dann sind die Spatzen dahinten sozusagen die Ureinwohner hier im Garten", versteht Elsa.

„Na klar. Und deswegen dürfen sie natürlich auch ihr Fest feiern", sagt Mohamed.

„Kann eigentlich einer von euch die Spatzensprache?", fragt Max' Papa.

„Äh, nö", antwortet Max.

„Wir auch nicht", schließen Elsa und Mohamed sich an.

„Papa, wenn Hermann und Claus sich unterhalten, kann ich auch nichts verstehen. Die haben wohl auch eine eigene Sprache", überlegt Max.

„Das sieht so aus!", sagt Papa.

„Die dürfen sie hier natürlich auch sprechen. Denn dafür gibt es ja den Schutz für Minderheiten. Wir haben also die Spatzen als Ureinwohner, Minderheiten wie die Kaninchen und das allgemeine Volk hier im Garten der Kinderrechte", stellt Max fest.

Und Elsa ergänzt: „Genau, und damit jeder hier so leben kann, wie es am angenehmsten für ihn ist, gibt es den Artikel 30."

31
Dein Recht auf Freizeit

Max, Elsa, Johanna, Tina, Mohamed und Rudi sind auf dem Leuchtturm und planen weiter an ihrer Schule der Kinderrechte. Sie sitzen gemeinsam am Tisch, haben ein großes Blatt Papier vor sich liegen und malen, zeichnen und schreiben alles auf, was sie sich für diese Schule wünschen: Natürlich den Leuchtturm der Kinderrechte und den Garten der Kinderrechte. Außerdem sollen die Kaninchen Hermann und Claus in ihrem Sommergehege mit dabei sein. Aber auch alle Vogelhäuschen, die im Garten aufgehängt sind, und die Büsche und Beete. Die Freunde sprechen nicht nur über das, was es hier schon gibt. Auch die Dinge, die sie gerne hätten, werden eingezeichnet und beschriftet.

„Wenn wir hier das Gehege von Hermann und Claus aufbauen, könnte doch dahinter noch ein Gehege für zwei Ziegen und zwei Schafe hinpassen. Was meint ihr?“, fragt Rudi in die Runde.

„Oh ja, das ist eine sehr gute Idee“, findet Tina. „Und vielleicht können wir auch noch ein paar Hühner haben“, ergänzt sie. „Wir müssen aber aufpassen, dass es nicht zu viel wird. Irgendwer muss sich ja um die Tiere kümmern“, mahnt Rudi. „Stimmt auch wieder“, gibt Tina zu.

„Wenn wir unser Klassenzimmer im Leuchtturm haben, können wir auf dem Balkon doch noch mehr Beobachtungsplätze einrichten. Vielleicht mit dem Blick dorthin, wo keine Häuser mehr stehen und wo wir direkt auf die Felder und Wiesen gucken können“, schlägt Mohamed vor.

„Au ja! Ich kann ja mal Papa fragen, ob er den Balkon noch um den ganzen Leuchtturm herumbauen kann. Dann können wir noch besser die Natur beobachten“, sagt Max und zieht schon an der Klingelleitung.

„Max, was ist denn?“, hört Max Papa durch das Dosentelefon.

„Papa, wir planen wieder an unserer Kinderrechteschule und haben überlegt, ob du den Balkon vom Leuchtturm noch verlängern kannst, sodass er um den ganzen Turm herumführt?“, fragt Max.

„Ich kann das schon, aber da muss ich erstmal überlegen, wie ich das am besten hinbekomme. Das geht nicht mal eben schnell.“

„Macht ja nichts. Wir müssen eh noch weiterplanen. Und wenn wir damit fertig sind, kannst du ja anfangen“, schlägt Max vor.

„Okay, aber ich muss wieder an die Arbeit“, sagt Papa und hängt das Dosentelefon an den Haken.

Max wendet sich wieder seinen Freunden zu.

„Was haltet ihr davon, wenn unsere Kinderrechteschule nicht nur hier auf dem Leuchtturm stattfindet, sondern auch auf den Wiesen?“, fragt Elsa in die Runde.

„Das ist eine sehr gute Idee“, freut sich Tina, die gerade auf dem Balkon steht und in den Garten guckt. „Dahinten sind wieder die Spatzen. Das sieht immer so lustig aus, wie die von den Büschen in das Gras hüpfen und wieder zurückfliegen.“

„Stimmt“, sagt Johanna. In dem Moment kommt Max' Papa zu den Kindern. Er hat Kuchen und Holunderblütensirup dabei.

Er stellt den Kuchen und die Flasche mit dem Sirup auf den Tisch. „Ich finde es total super, dass ihr euch so für eure Schule der Kinderrechte einsetzt. Wo soll sie denn stehen?“, fragt Papa.

„Hier!“, ruft Max. „Genau hier, wo wir jetzt gerade sind. Das wird auch nur eine Nachmittagsschule. Denn wir werden ja alle vormittags in die normale Schule gehen müssen.“

„Wenn ihr vormittags schon in der Schule seid, ist es vielleicht gar nicht so gut, wenn ihr nachmittags auch noch Unterricht habt“, gibt Papa zu Bedenken.

„Warum?“, fragt Johanna.

„Na, weil ihr doch nicht immer nur arbeiten könnt. Ihr müsst doch auch mal was anderes erleben. Spielen oder

Musik machen oder so. Das steht in Artikel 31 der Kinderrechte. Ich lese euch das mal vor: *Die Vertragsstaaten erkennen das Recht des Kindes auf Ruhe und Freizeit an, auf Spiel und altersgemäße aktive Erholung sowie auf freie Teilnahme am kulturellen und künstlerischen Leben.*

Die Vertragsstaaten achten und fördern das Recht des Kindes auf volle Beteiligung am kulturellen und künstlerischen Leben und fördern die Bereitstellung geeigneter und gleicher Möglichkeiten für die kulturelle und künstlerische Betätigung sowie für aktive Erholung und Freizeitbeschäftigung."

„Und das bedeutet, dass jedes Kind das Recht auf Freizeit hat", sagt Rudi.

„Und auf Spielen und Erholung", ergänzt Johanna. „Wenn der Vormittag in der Schule anstrengend war, sollten wir auf jeden Fall auch die Zeit haben, uns auszuruhen."

„Und wir haben das Recht auf künstlerische Sachen", fügt Elsa hinzu.

„Das machen wir doch eh schon immer mittwochs. An dem Tag sind wir ja alle in der Musikschule", wirft Max ein.

„Das stimmt, aber am besten wäre es, wenn ihr nicht nur an einem Tag in der Woche sowas macht, sondern jeden Tag ausreichend Freizeit habt, um zu spielen, euch zu erholen oder eben auch, euch künstlerisch zu betätigen", erklärt Papa den Artikel noch weiter.

„Dann machen wir unsere Kinderrechteschule eben nicht als Pflicht, sondern nur für die, die gerade Lust und Zeit haben zu kommen", schlägt Mohamed vor.

„Das ist ein super Plan", findet Papa. „Den Balkon können wir trotzdem um den ganzen Leuchtturm herum verlängern. Ich habe auch schon eine Idee, wie das funktionieren kann. Aber jetzt machen wir erstmal Pause und spielen danach was. Was haltet ihr davon?", fragt Papa.

„Genau so machen wir das. Jeder kann hierherkommen, wann er will", beschließt Max.

„Super, dann mal ran an den Kuchen und den Sirup", sagt Papa.

„Und danach spielen wir Fußball. Kinder gegen Erwachsene", freut sich Max.

32
Arbeit darf dir nicht schaden

Heute wollen Max und Papa den Balkon vom Leuchtturm so verlängern, dass er einmal um den ganzen Turm herumführt. Während Max heute Morgen in der Schule war, ist Papa zum Baumarkt gefahren und hat die fehlenden Materialien gekauft. Und jetzt liegt im Garten eine Menge Holz, außerdem Schrauben, Einschlaghülsen, Bretter und Werkzeug.

„Na, Max, dann wollen wir doch mal anfangen", sagt Papa. „Nur wir beide?", fragt Max.

„Klar, das bekommen wir schon hin. Ich weiß auch schon ganz genau, wie wir das machen. Und du kannst mir dabei helfen."

„Gut, ich habe nur gedacht, dass es vielleicht schneller gehen würde, wenn wir noch Helfer hätten."

„Aber jetzt ist ja keiner da, der helfen könnte", sagt Papa.

„Papa, dürfen Kinder eigentlich arbeiten? Ich meine nicht so eine Arbeit, die wir hier machen. Da bauen wir ja nur ein bisschen an unserem Leuchtturm herum. Ich meine so richtig arbeiten, um Geld zu verdienen", fragt Max.

„Das ist nicht so leicht zu beantworten", überlegt Papa. „Es ist nämlich so, dass das unterschiedlich beurteilt wird. Aber so ganz grundsätzlich gilt, dass Kinder nur dann arbeiten dürfen, wenn die Arbeit nicht ihre Gesundheit gefährdet. Außerdem darf sie die schulische Bildung nicht beeinträchtigen. Das ist ganz wichtig. Und wenn du eine Arbeit machst, die deine Gesundheit und deine schulische Bildung nicht gefährden, muss der Arbeitgeber darauf achten, dass dein Arbeitsplatz sicher ist und du auch eine angemessene Bezahlung erhältst."

Auf einmal klingelt das Dosentelefon. Max rennt auf den Leuchtturm und nimmt es in die Hand. „Ja, bitte, wer ist da?", fragt Max.

„Ich bin es, Rudi. Ich wollte beim Bauen helfen", antwortet er.

„Ach, das ist ja super. Wir wollten grade anfangen. Komm schnell in den Garten", sagt Max.

Als die Tür zum Garten aufgeht, ist Max total überrascht, denn es kommt nicht nur Rudi. Mit dabei sind Johanna, Elsa, Tina und Mohamed.

„Tada! Da sind wir", ruft Tina. „Rudi hat uns alle angerufen. Wenn wir helfen, geht es bestimmt schneller. Was hältst du davon, Max?", sagt sie.

„Das ist die beste Idee, die ich je gehört habe", antwortet er.

„Und wir halten uns damit auch an die Kinderrechte. Da steht drin, dass ein Kind nur dann arbeiten darf, wenn die Gesundheit und die schulische Ausbildung nicht zu kurz kommen. Stimmt doch Papa, oder?"

„Richtig. Und ganz genau klingt das so: *Die Vertragsstaaten erkennen das Recht des Kindes an, vor wirtschaftlicher Ausbeutung geschützt und nicht zu einer Arbeit herangezogen zu werden, die Gefahren mit sich bringen, die Erziehung des Kindes behindern oder die Gesundheit des Kindes oder seine körperliche, geistige, seelische, sittliche oder soziale Entwicklung schädigen könnte.*

[...] Zu diesem Zweck [...] werden die Vertragsstaaten insbesondere ein oder mehrere Mindestalter für die Zulassung zur Arbeit festlegen; eine angemessene Regelung der Arbeitszeit und der Arbeitsbedingungen vorsehen; angemessene Strafen oder Sanktionen zur wirksamen Durchsetzung dieses Artikels vorsehen", liest Papa den Artikel 32 der Kinderrechte vor.

„Wie gut, dass wir hier nicht zum Geld verdienen sind, sondern nur ein bisschen helfen wollen", sagt Mohamed.

„Stimmt, wir können einfach mitmachen. Es ist ja auch nicht gefährlich, was wir vorhaben", ergänzt Tina.

„Und unsere schulische Bildung ist dadurch auch nicht gefährdet. Ihr habt doch alle eure Hausaufgaben schon fertig, oder? Das hatten wir so abgesprochen. Jeder macht erst seine Hausaufgaben, und dann treffen wir uns hier", erzählt Johanna.

„Also, meine sind fertig. Finger hoch, wer seine Hausaufgaben fertig hat!"

Alle Finger gehen nach oben. Sogar der von Max' Papa. Da müssen alle lachen.

„Super, für heute sind wir damit durch, und deshalb können wir nun starten“, sagt Papa.

„Na, dann los!“, ruft Rudi.

Papa erklärt den Kindern, wie er sich das mit dem Balkon gedacht hat. Im Anschluss werden die Aufgaben verteilt. Es wird gesägt, gehämmert, geschraubt und gebaut. Alle Kinder helfen so gut mit, wie es geht. Und wenn jemand mal müde ist, macht er eine Pause. Max hat dafür extra noch Gläser und Wasser aus dem Haus geholt. Jeder kann so viel helfen, wie er möchte.

Am Abend ist der Balkon fertig und alle sind stolz auf das, was sie hier Schönes gebaut haben.

„Was haltet ihr davon, wenn wir den Balkon mit einem kleinen Fest einweihen? Ich habe mir gedacht, dass wir hier vor dem Leuchtturm ein Lagerfeuer machen können“, fragt Max' Papa.

„Au ja, Papa“ ruft Max begeistert.

„Geh doch bitte mal in die Küche, Max. Dort habe ich schon eine Schüssel mit Stockbrotteig vorbereitet.“

„Aber ich muss doch nach Hause“, sagt Tina etwas traurig. „Dann kann ich gar nicht mitfeiern.“

„Auch das habe ich geklärt“, sagt Max' Papa und zwinkert mit einem Auge in die Runde. „Ich habe vorhin in unserer kleinen Pause schnell alle Eltern benachrichtigt, dass es heute etwas später wird. Und eure Eltern sind ebenfalls zur Einweihung eingeladen. Alle können so lange bleiben, wie sie wollen!"

33
Dein Recht auf Schutz vor schädlichen Stoffen

Heute ist kein schöner Tag. Draußen regnet es und es ist kalt geworden. So langsam kommt der Herbst. Und weil es draußen so ungemütlich ist, hat Max heute beschlossen, nicht auf den Leuchtturm zu gehen. Eigentlich hatte Papa ja versprochen, dass er den Turm isolieren und eine Heizung einbauen will. Aber Papa hatte in letzter Zeit so viel zu tun, dass er nicht dazu gekommen ist. Und so sitzt Max in seinem Zimmer und spielt mit seinen Autos.

Max hatte in den letzten Tagen mit seinen Freunden gemeinsam darüber nachgedacht, wie eine Kinderrechte-schule aussehen könnte. Alles, was sie sich überlegt hatten, haben sie auf ein großes Blatt Papier gemalt. Jetzt möchte Max gerne aus Pappe, Holz und Papier ein Modell bauen. Damit das auch funktioniert und beim Bauen nicht immer alles zusammenfällt, ist Max dafür mit Mohamed, Tina, Johanna und Rudi verabredet. Elsa und Lian haben heute leider keine Zeit. Elsa hat einen Termin beim Zahnarzt und Lian geht zum Sport. Am Nachmittag sitzen alle fünf in Max' Zimmer und sind dabei, Teile zuzuschneiden, zu bemalen oder aufzukleben.

„Max, kannst du mir mal den Kleber geben?", fragt Johanna.

„Bitteschön! Aber ich brauche den gleich wieder. Ich muss auch was aufkleben“, sagt Max.

„Habt ihr denn nicht noch einen anderen Kleber?“, will Tina wissen.

„Doch, aber den soll ich nicht benutzen, meint Papa. Der ist unten in seinem Arbeitszimmer“, erklärt Max.

„Aber warum sollst du den nicht benutzen?“, fragt Johanna nach.

„Das weiß ich auch nicht so genau“, überlegt Max und hört auf einmal auf zu bauen.

„Max, was ist denn los?“, erkundigt sich Johanna. „Der Kleber auf deinem Teil wird hart. Du musst das aufkleben.“

„Ihr habt recht. Wieso eigentlich nicht?“, denkt Max laut nach. „Das hat Papa mir noch gar nicht erzählt. Aber ich habe auch noch nie danach gefragt.“ Und nach ein paar Minuten, in der Max sein Teil noch aufgeklebt hat und die Kinder sich die Kleberflasche immer wieder hin- und hergegeben haben, beschließt Max: „Kommt, wir gehen zu Papa. Dann soll er uns erklären, warum wir den anderen Kleber nicht benutzen sollen.“

Gemeinsam gehen Max, Johanna, Tina, Rudi und Mohamed nach unten. Aber dummerweise ist die Tür von Papas Arbeitszimmer geschlossen. Das bedeutet, dass er gerade nicht gestört werden will.

„Kommt. Wir setzen uns in die Küche und warten auf ihn. Dabei können wir auch was trinken. Papa kommt bestimmt gleich hierher. Es ist nun ungefähr die Zeit, zu der er sich immer einen Kaffee holt“, sagt Max.

Und so setzen sich alle zusammen an den großen Tisch in der Küche und warten auf Papa. Es dauert auch nicht lange und schon kommt er.

„Hoppla“, ruft Papa. „Was ist denn hier los? So viele Kinder in der Küche. Damit habe ich gar nicht gerechnet.“ Papa macht sich einen Kaffee und setzt sich zu Max und seinen Freunden, die schon Wasser, Saft und Kekse auf den Tisch gestellt haben.

„Papa, du hast doch noch einen anderen Kleber in deinem Zimmer. Du sagst immer, ich darf den nicht benutzen. Aber du hast mir nie erzählt, warum das so ist. Kannst du uns das erklären?“, fragt Max.

„Na klar! Damit ein Kleber flüssig ist, braucht er bestimmte Mittel. Man nennt die auch Lösungsmittel. Diese sind aber leider nicht gesund für Menschen. Bei Kindern können die besonders schädlich sein. Es wird sogar von Suchtstoffen gesprochen. Also Sachen, die man immer wieder haben will. Ohne diese Suchtmittel geht es einem nicht mehr gut. Aber sie sind nicht gesund, weil sie dem Körper und dem Geist der Kinder schaden können. Wenn ein Mensch zu viel mit solchen Stoffen in Berührung kommt, kann er davon abhängig werden, und dann versucht er den ganzen Tag nur noch, an diese Stoffe zu kommen und kümmert sich gar nicht mehr um die schönen Dinge", erklärt Papa.

„Und sowas ist in dem Kleber drin?", erkundigt sich Mohamed.

„Ja, leider. Da habe ich beim Kaufen nicht aufgepasst", sagt Papa. „Und dabei habe ich sogar die Pflicht, darauf zu achten. Das steht in Artikel 33 der Kinderrechte: *Die Vertragsstaaten treffen alle geeigneten Maßnahmen [...], um Kinder vor dem unerlaubten Gebrauch von Suchtstoffen und psychotropen Stoffen im Sinne der diesbezüglichen internationalen Übereinkünfte zu schützen und den Einsatz von Kindern bei der unerlaubten Herstellung dieser Stoffe und beim unerlaubten Verkehr mit diesen Stoffen zu verhindern",* liest Papa den Artikel 33 der Kinderrechte vor.

„Aber Kinder können auch von anderen Dingen süchtig werden. Das habe ich letztens in den Kindernachrichten gesehen", sagt Tina.

„Genau", ruft Max. „Das habe ich auch gesehen. Kinder und Erwachsene können auch von Computerspielen oder vom Handy süchtig werden. Dann müssen sie immer wieder das Handy nehmen und können gar nicht aufhören, daran zu denken."

„Oder sie glauben, sie könnten eine Nachricht von anderen verpassen, wenn sie nicht ständig das Handy bei sich haben. Und dann können sie sich nicht mehr auf andere Sachen konzentrieren", ergänzt Johanna, die den Bericht in den Kindernachrichten ebenfalls gesehen hat.

„Aber ich habe auch noch einen Kleber, der ohne Lösungsmittel ist. Den könnt ihr mit nach oben nehmen", schlägt Papa vor.

„Dann lasst uns an unserem Modell weiterbauen", beschließt Max.

„Macht das", sagt Papa. „Und ich will wieder an meinen Schreibtisch, um weiter an der Isolierung und der Heizung für den Leuchtturm zu planen. Dann könnt ihr den Turm auch im Winter nutzen."

34
Dein Recht, selbst über deinen Körper zu bestimmen

Max hat Besuch von Johanna. Vor einiger Zeit haben die beiden zusammen mit ihren Freunden und mit Papa den Balkon des Leuchtturms so verlängert, dass er um den gesamten Turm herumführt. Max und Johanna gehen über den Balkon und schauen in alle Richtungen, denn Johanna wollte sichergehen, dass sie auch an alles gedacht haben, wenn der Leuchtturm ihre eigene Schule der Kinderrechte werden soll.

Max und Johanna gucken in den Garten. „Wenn wir wollen, können wir ja auch mal wieder Fußball spielen“, schlägt Johanna vor.

„Ja, gerne. Ich glaube, wir haben uns mal einen freien Tag verdient. In der letzten Zeit haben wir so viel für unsere Kinderrechteschule geplant. Hoffentlich hat Papa Zeit. Dann können wir wieder gegen ihn spielen“, antwortet Max.

„Willst du ihn mal fragen?“

Und schon zieht Max an der Klingelleitung. „Wenn die Tür von Papas Arbeitszimmer geöffnet ist, hört er das Klingeln. Wenn er es nicht hört, hat er auch keine Zeit“, erklärt Max.

Die beiden warten einen Augenblick, ob Papa sich durch das Dosentelefon meldet. Leider ist das nicht der Fall.

WC

„Vielleicht telefoniert er gerade. Dann kann er sich ja auch nicht melden", überlegt Johanna.

„Stimmt! Aber eigentlich ist es doch viel zu schönes Wetter, um im Haus zu sitzen und am Schreibtisch zu arbeiten", findet Max.

In diesem Moment kommt Papa in den Garten. Er geht zu Max und Johanna und setzt sich zu ihnen auf den Balkon.

„Papa, was hast du denn vor?", fragt Max erstaunt. „Du bist ja so sportlich angezogen. Bist du fertig mit der Arbeit?"

„Ja, für heute habe ich Feierabend und wir könnten eigentlich mal wieder Fußball spielen. Was haltet ihr davon?", antwortet Papa.

„Was wolltet ihr eigentlich vorhin von mir? Ich habe das Klingeln gehört, hatte aber gerade telefoniert."

„Wir wollten dich fragen, ob du mit uns Fußball spielen willst", sagt Johanna und muss dabei ein bisschen lachen.

„Na, das passt ja gut. Dann mal rein in die Sportsachen und ab aufs Spielfeld!", ruft Papa und will sich gerade auf den Weg zum Rasen machen.

Da hält ihn Johanna auf und fragt: „Und wo soll ich mich umziehen? Hier gibt es gar keine Umkleidekabinen für Mädchen."

„Mensch Johanna, da hast du aber recht", überlegt Max. „Die fehlen hier. Laut Artikel 16 der Kinderrechte hat jedes

Kind das Recht auf eine Privatsphäre. Das bedeutet, dass du dich ungestört umziehen kannst", fügt er noch hinzu.

„Und es geht sogar um noch mehr als das", ergänzt Papa. „Kinder sollen sich unbeobachtet von Erwachsenen umziehen können. Das ist ganz wichtig. Denn dann können die Erwachsenen keine Fotos von euch Kindern machen, auf denen ihr keine Kleidung anhabt. Das ist nämlich verboten", sagt Papa.

„Wie meinst du das?", fragt Max. „Hier macht doch keiner Fotos von uns Kindern."

„Nee, hier nicht, aber es gibt manchmal Erwachsene, die von Kindern Fotos machen, wenn sie keine Kleidung tragen. Oder die sogar die Kinder streicheln wollen. Auch an Stellen, die absolut tabu sind", erklärt Papa weiter. „Das nennt man sexuellen Missbrauch. Dazu steht auch was in den Kinderrechten, im Artikel 34: *Die Vertragsstaaten verpflichten sich, das Kind vor allen Formen sexueller Ausbeutung und sexuellen Missbrauchs zu schützen. Zu diesem Zweck treffen die Vertragsstaaten insbesondere alle geeigneten [...] Maßnahmen, um zu verhindern, dass Kinder zur Beteiligung an rechtswidrigen sexuellen Handlungen verleitet oder gezwungen werden; für die Prostitution oder andere rechtswidrige Praktiken ausgebeutet werden; für pornographische Darbietungen und Darstellungen ausgebeutet werden."*

„Oh, meine Güte“, ruft Johanna. „Sowas gibt es?“

„Leider ja“, antwortet Papa. „Und Menschen, die Kindern so etwas antun, müssen auch entsprechend bestraft werden. Denn Kinder können dadurch seelischen Schaden nehmen, also ganz große Sorgen und Probleme bekommen“, erklärt er.

„Aber Kinder dürfen auch nicht einfach Fotos von anderen Kindern machen“, sagt Max.

„Oder andere Kinder an Stellen berühren, an denen die Kinder das nicht mögen“, ergänzt Johanna.

„Genau. Und um die Kinder vor solchen Übergriffen zu schützen, brauchen Turnhallen zum Beispiel eigene Umkleidekabinen für Mädchen und für Jungen. Und sie müssen so sein, dass keine Fremden dort hineingucken können“, sagt Papa.

„Johanna, was meinst du? Reicht dir unser Badezimmer als Umkleidekabine? Da kannst du auch die Tür schließen, sodass keiner hineingucken kann. Da bist du sicher und gut geschützt“, fragt Max.

„Ich denke, das ist in Ordnung“, nimmt Johanna den Vorschlag an und macht sich schon auf den Weg zum Haus. Dann sagt sie: „Ich glaube nicht, dass wir hier extra Umkleidekabinen bauen müssen. Ich denke, dass das auch in Zukunft so gehen wird.“

Als Johanna im Haus verschwunden ist, guckt Max Papa an und sagt: „Ich bin so froh, dass ich so einen tollen Papa habe, der so viel für die Kinder tut. Und sich auch noch so gut mit den Kinderrechten auskennt. Es wäre doch super, wenn dieses Glück alle Kinder auf der Welt hätten."

„Das stimmt. Das wäre echt super. Leider können wir nicht für alle Kinder da sein. Aber für die Kinder, die hier bei uns ein- und ausgehen, für die können wir da sein. Und vielleicht ja auch noch für ein paar andere Kinder, wenn ihr ihnen erzählt, was in den Kinderrechten steht", schlägt Papa vor.

„Da bin ich wieder", ruft Johanna. „Wo bleibt ihr denn? Max und ich spielen gegen dich. Und denk dran: Wir sind unschlagbar."

35 Du darfst nicht weggenommen oder verkauft werden

Leider ist heute nicht so schönes Wetter. Es ist kühl und regnet ein wenig. Max, Johanna und Rudi haben es sich auf dem Leuchtturm gemütlich gemacht. Das geht auch in der kalten Jahreszeit. Max' Papa hat in den letzten Tagen den Turm winterfest gemacht. Alle Wände und auch der Fußboden haben eine Isolierschicht bekommen. „Dann kann die Kälte nicht so einfach in den Leuchtturm hinein", hat er Max erklärt. Das Dach hatte Papa ja schon neu gemacht, als er die kleine Solaranlage dort aufgebaut hat. Außerdem gibt es eine kleine Heizung im Leuchtturm. Die funktioniert auch über die Solaranlage auf dem Dach. Aber wie das genau geht, war Max zu kompliziert. Deswegen hat er auch nicht näher nachgefragt.

Max, Rudi und Johanna spielen mit kleinen Figuren, die sie extra mitgebracht haben. „Guck mal, Max", sagt Rudi. „Ich habe meine Figuren hier vor dem Regal aufgebaut. Hier ist also mein Zuhause."

„Okay, dann ist mein Haus hier zwischen der Heizung und der Balkontür", beschließt Johanna und Max ergänzt: „Und meins ist hier unter dem Tisch auf der anderen Seite."

Die drei spielen, dass ihre Figuren in unterschiedlichen Ländern wohnen. Wenn sie sich besuchen wollen, müssen sie zu den anderen fahren oder fliegen.

„Max, ich habe gar kein Boot“, sagt Johanna plötzlich, als sie sieht, wie Rudi ein paar seiner Figuren in ein Holzboot setzt und damit zu Max fahren will. „Wie soll ich denn zu einem von euch fahren? Ich habe ja auch kein Flugzeug.“

„Hm“, murmelt Max und auch Rudi bleibt mit seinem Boot erstmal stehen.

„Wie wäre es denn, wenn wir noch schnell ein Boot aus deinem Zimmer holen?“, fragt Rudi.

„Das geht nicht. Ich habe doch nur das eine und damit bist du ja schon unterwegs“, stellt Max fest.

„Oder wir bauen uns noch eins. Dein Papa hat doch immer so gute Ideen, wie wir das schnell machen können“, schlägt Johanna vor.

„Ich kann Papa ja mal eben fragen, ob er Zeit hat. Vorhin meinte er aber, dass er heute viel zu tun hat“, sagt Max und zieht an der Klingelleitung.

Nach einem kurzen Moment meldet sich Papa durch das Dosentelefon. „Max, was möchtest du?“, fragt Papa.

„Wir wollten dich fragen, ob du mit uns Holzboote bauen kannst, mit denen wir hier auf dem Leuchtturm spielen können“, antwortet Max.

„Wenn das noch eine halbe Stunde Zeit hat, können wir das machen. Dann bin ich mit meiner Arbeit fertig. Soll ich danach zu euch kommen?“, fragt Papa.

„Ja, gerne“, antwortet Max. Er hängt das Dosentelefon an den Haken und guckt die anderen beiden an. „Ihr habt es gehört. Papa kommt in einer halben Stunde und dann können wir was bauen.“

„Super! Dann kann ich mit einem Boot in eure Länder fahren“, freut sich Johanna.

Bis Papa kommt, spielen die drei weiter. Rudi fährt mit seinem Boot immer wieder zwischen den Ländern hin und her, Max fliegt die Strecken mit seinem Flugzeug. So bringen sie die Figuren von einem Land in ein anderes. Nur Johanna kann nicht durch die Gegend fahren oder fliegen.

„Hey!“, ruft sie plötzlich. „Wo sind denn meine Kinder auf einmal hin?“, fragt Johanna, die gerade bemerkt hat, dass ihre Spielfiguren nicht mehr da sind.

Rudi schmunzelt und Johanna sagt: „Du Lump. Du kannst doch nicht einfach meine Kinder mitnehmen. Die müssen doch bei ihren Eltern bleiben.“

„Vielleicht wollen die ja einfach mal Urlaub machen“, antwortet Rudi und muss ein wenig kichern.

„Aber wenn du die einfach mitnimmst, ohne zu fragen, ist das doch wegnehmen“, sagt Max. „Oder so ähnlich“, überlegt er. „Da gibt es noch ein anderes Wort für. Auf jeden Fall ist das nicht erlaubt."

In diesem Moment klopft es an der Tür und Papa kommt herein. „Na ihr, wie sieht es aus, wollen wir Boote bauen?", fragt Papa und schaut die drei an.

„Rudi muss erst noch die Kinder wieder zu Johanna fahren. Die hat er einfach mitgenommen, ohne Johanna zu fragen", erzählt Max.

„Ich wollte die doch nur mit in den Urlaub nehmen. Ich wollte doch gar nichts Böses tun", erklärt Rudi.

„Ich weiß, aber trotzdem musst du erst fragen, ob die Kinder mitkommen dürfen", beschwert sich Johanna.

„Das stimmt!", mischt sich jetzt auch Max' Papa ein. „Da gibt es einen Artikel in den Kinderrechten. Der geht so: *Die Vertragsstaaten treffen alle geeigneten [...] Maßnahmen, um die Entführung und den Verkauf von Kindern sowie den Handel mit Kindern zu irgendeinem Zweck und in irgendeiner Form zu verhindern*", liest Papa den Artikel 35 der Kinderrechte vor.

„Aber ich wollte die Kinder doch gar nicht entführen. Ich wollte denen doch nur die Möglichkeit geben, dass sie auch mal was anderes sehen können. Und schon gar nicht wollte ich die Kinder verkaufen", erklärt Rudi.

„Das glaube ich dir“, sagt Papa. „Und trotzdem ist es nicht erlaubt, einfach Kinder mitzunehmen. Wenn man das macht, ist das entführen, und das ist absolut verboten.“

„Oh, das wollte ich echt nicht. Ich habe die Kinder schon wieder auf mein Boot geladen und bringe sie ganz schnell zurück. Achtung, hier kommt das Schnellboot mit den Kindern“, spielt Rudi, macht Motorengeräusche und schiebt sein Boot so schnell er kann wieder zu Johanna. „

Alle Kinder wieder da!“, ruft er.

„Ein Glück!“, sagt Max erleichtert. „Dann sind hoffentlich alle wieder glücklich.“

„Ich denke schon, und wir haben gelernt, dass niemand einfach Kinder mitnehmen darf. Dass das sogar verboten ist“, stellt Johanna fest.

„Und damit jeder auch jeden besuchen kann, müssen wir noch schnell zwei Boote bauen. Dann hat jeder eins“, beschließt Max. „Außerdem ist Fliegen eh nicht so gut für die Umwelt!“, ergänzt er noch.

„Na dann, auf in die Werkstatt!“, rufen Max, Johanna und Rudi wie aus einem Mund.

36
Niemand darf etwas von dir verlangen, was nicht gut für dich ist

Max, Johanna, Rudi und Papa sind in der Werkstatt. „Darf ich mir noch ein Boot bauen?“, fragt Rudi, als er sieht, wie Max und Johanna an ihren Booten basteln. „Ich hätte auch so gerne ein Boot mit einem Segel. Meins hat ja nur einen Motor. Der braucht Benzin zum Fahren, und das ist nicht so gut für die Umwelt.“

„Na klar, nimm dir einfach Holz und was du sonst noch so brauchst“, stimmt Papa zu.

Alle drei hämmern, sägen, leimen und schneiden Stoff, um Boote zu bauen, die möglichst ohne Motor fahren können. Sie haben auch ihre Spielfiguren mitgebracht. Die drei Freunde spielen, dass ihre Figuren die Boote bauen. Schließlich sollen sie ja auch später mit den Booten fahren.

„Meine Menschen fertigen gerade den Mast an“, sagt Johanna. „Und was macht ihr?“

„Bei mir wird die Reling auf das Boot gesetzt. Der Mast ist erst später dran“, erklärt Rudi.

„Ich habe hier ein Stück Stoff, und daraus schneide ich das Segel“, sagt Max. „Die Arbeit habe ich extra einer anderen Firma übergeben. Die können das besser. Guck, hier sind die Menschen, die den Stoff zuschneiden und weiterbearbeiten.“ Max zeigt auf die Figuren, die er mitgebracht und an die Seite gestellt hat. Dadurch, dass sie etwas abseits stehen, sieht es so aus, als ob das Segel wirklich von einer anderen Firma gebaut wird.

„Aber Max“, ruft Johanna, „da sind ja Kinder bei. Müssen die denn in der Firma die Segel zuschneiden? Ich denke, das ist nicht erlaubt. In Artikel 32 kann man doch lesen, dass Kinder nicht arbeiten dürfen.“

„In Artikel 32 steht, dass es Altersgrenzen geben muss“, wirft Papa ein. „Und dass Kinder nur dann eine Arbeit machen dürfen, wenn sie nicht schädlich für die Kinder ist und auch die schulische Bildung dadurch nicht gefährdet ist“, spricht er weiter.

„Oh Mist“, entgegnet Max. „Da habe ich ja gar nicht drauf geachtet. Natürlich sollen die hier nicht arbeiten. Ich habe aus Versehen die falschen Figuren mitgenommen. Ich laufe ganz schnell zum Leuchtturm und hole mir andere Figuren“, ruft Max und ist schon auf dem Weg.

Rudi und Johanna bauen weiter und Papa guckt auf sein Handy. „Ich habe es doch gewusst. Ich habe hier noch was zum Thema Kinderarbeit gefunden. Aber damit warte ich noch, bis Max wieder da ist.“

Als Max seine Figuren in der Segelfabrik getauscht hat, liest Max’ Papa den Artikel 36 der Kinderrechte vor: „Seid mal eben still. Ich möchte euch was vorlesen: *Die Vertragsstaaten schützen das Kind vor allen sonstigen Formen der Ausbeutung, die das Wohl des Kindes in irgendeiner Weise beeinträchtigen."*

„Und weiter?", fragt Rudi.

„Nichts weiter. Der Artikel ist nur so kurz", antwortet Papa. „Aber was bedeutet das denn?", fragt Johanna.

„In den Artikeln 32 und 34 steht ja schon, dass Kinder nicht wirtschaftlich oder sexuell ausgebeutet werden dürfen. Aber was passiert, wenn einem bösen Menschen eine andere Möglichkeit einfällt, Kinder auszubeuten?", fragt Papa.

„Moment", unterbricht Johanna ihn, „was heißt denn eigentlich ausbeuten?"

„Ausbeutung ist das Ausnutzen anderer Menschen. Menschen, die sich nicht helfen können. Also zum Beispiel Kinder. Wenn Erwachsene Sachen verlangen, die nicht gut für Kinder sind, und wenn sie sie trotzdem dazu zwingen, ist das Ausbeutung. Manchmal werden auch Erwachsene ausgebeutet. Wenn sie zum Beispiel eine Arbeit machen müssen, die gefährlich für die Gesundheit ist und sie dafür viel zu wenig Geld bekommen. Dann ist das auch Ausbeutung", erklärt Papa.

„Aber das ist doch total gemein. Dann bekommen die nur ganz wenig Geld, und auf ihre Gesundheit wird keine Rücksicht genommen. Das muss doch verboten werden", ruft Max empört.

„Und genau deswegen gibt es ja den Artikel 36“, sagt Rudi, der sich alles genau angehört und den Artikel jetzt richtig verstanden hat. „Damit ist ein für alle Male klar gemacht: Egal was sich irgendwelche fiesen Menschen ausdenken, es ist nicht erlaubt, von Kindern etwas zu verlangen, was nicht gut für sie ist“, erklärt Rudi.

„Aber ich wollte die Kinder bei mir echt nicht zur Arbeit zwingen. Ich habe aus Versehen die falschen Figuren mitgenommen“, entschuldigt sich Max noch einmal.

„Ist ja schon okay“, lenkt Johanna ein. „Vielleicht sind die Kinder ja auch nur da gewesen, weil sie sich mal angucken wollten, wie ein solches Segel hergestellt wird.“

„Genau, die können ja auch mit der Schule einen Ausflug gemacht haben“, schlägt Rudi vor.

„So, ihr Lieben, wie weit seid ihr denn jetzt? Ich würde gerne mal sehen, ob eure Boote wirklich schwimmen können“, sagt Papa. Ich finde, wir können mal einen Ausflug zum Teich machen und eure Boote ausprobieren. Was haltet ihr davon?“

„Das ist eine super Idee. Ich wäre bereit dafür“, freut Rudi sich.

„Ich auch“, stimmen Max und Johanna zu.

„Aber wir sollten alle noch einen Nagel vorne in die Boote schlagen, an dem wir ein Band befestigen können. Dann können die Boote nicht wegschwimmen.“

„Sehr gute Idee, Max“, findet Rudi und hat schon das Werkzeug in der Hand. Als alle Boote mit Nagel und Band ausgestattet sind, packen sie ihre Sachen in die Fahrradtaschen. „Jacken an, Helme auf und ab gehts“, ruft Max. Damit machen sich Max, Rudi, Johanna und Max' Papa mit ihren Fahrrädern auf den Weg zu den Teichen am Rand des Dorfes.

37
Niemand hat das Recht, Kinder unangemessen zu bestrafen

Eigentlich wollten Max, Rudi und Johanna mit Max' Papa zu den Teichen fahren und dort die neuen Boote schwimmen lassen. Doch leider klingelt kurz vorm Aufbruch Papas Handy. Auf diesen Anruf wartet Papa schon seit Tagen, und er muss unbedingt rangehen. Er vertröstet sie mit den Worten: „Spielt noch kurz was anderes. Wenn ich fertig bin, fahren wir los. Versprochen!"

Die drei Freunde stehen im Garten und überlegen, was sie jetzt machen können. Zum Glück ist das Wetter wieder besser geworden, sodass man auch draußen spielen kann. Vorhin hatte es noch geregnet, aber jetzt scheint sogar die Sonne.

„Wir könnten Fußball spielen", schlägt Johanna vor.

„Och nö, da habe ich keine Lust zu", antwortet Rudi.

„Oder wir gehen auf den Leuchtturm und hören Musik", sagt Max.

„Nee, bloß nicht. Wir haben gerade so tolles Wetter, da müssen wir unbedingt etwas draußen machen", entgegnet Johanna.

„Na gut", schmunzelt Rudi, schnappt sich Johannas Boot und rennt weg. „Ich bin ein Dieb!", ruft er und läuft um den Leuchtturm.

„Und wir sind die Polizei!“, brüllt Max und rennt hinter Rudi her.

„Komm, Johanna, hilf mir.“

Johanna rennt auch um den Leuchtturm herum. Aber in die andere Richtung. Max läuft hinter Rudi her und Johanna läuft ihm entgegen. So will sie Rudi den Weg abschneiden. Aber Rudi lässt sich nicht so einfach fangen. Er schlägt zwei Haken und schon ist er an Johanna vorbeigelaufen und hat Max auch noch abgehängt.

„Kommt doch, kommt doch, ihr kriegt mich nicht“, ärgert er immer wieder Max und Johanna.

Die beiden bleiben stehen. Sie schauen sich an, dann flüstern sie sich etwas ins Ohr. Rudi hüpft von einem Bein auf das andere und wartet ab, was Max und Johanna vorhaben. Aber die stehen einfach nur da und tuscheln.

„Was ist denn jetzt? Wollt ihr mich nicht fangen? Wollt ihr das Boot gar nicht zurückhaben?“, fragt Rudi.

„Doch, doch. Wir müssen nur noch kurz etwas absprechen“, sagt Max. Rudi ist mittlerweile auf die Terrasse gegangen und hat sich auf einen der Stühle gesetzt.

„Jetzt!“, gibt Johanna Max ein Zeichen und beide laufen so schnell sie können zur Terrasse. Rudi hatte gerade in eine andere Richtung geschaut, weshalb er nun nicht schnell genug ist.

„Mist, ihr habt mich überlistet.“

Max und Johanna halten Rudi fest, als Papa wieder aus dem Haus kommt.

„Komm, Rudi, du musst ins Gefängnis. Das ist das Gehege von Hermann und Claus unter dem Leuchtturm", erklärt Max.

„Aber das ist viel zu klein. Da kann ich ja nur drin liegen!"

„Das ist egal", sagt Johanna mit einer sehr wichtigen Stimme. So als wäre sie eine Richterin. „Du hast ein Boot geklaut, und nun bekommst du deine Strafe, du Dieb. Für den Rest deines Lebens bleibst du in dem Gehege eingesperrt."

„Das ist nicht fair. So schlimm war das jetzt auch nicht", beschwert Rudi sich und muss dabei ein bisschen grinsen.

„Hallo, was ist denn hier los?", fragt Papa, der schon mitbekommen hat, dass die Kinder Räuber und Polizei spielen. Dann ergänzt er: „Ich bin der Anwalt von Rudi, also sein Verteidiger. Ich denke, wir müssen den Fall erstmal verhandeln. Und dann können wir sehen, wie die Strafe für Rudi ausfällt."

Max ist einverstanden: „Dann bitte ich alle Beteiligten in den Gerichtssaal. Der ist auf dem Leuchtturm", erklärt er.

Oben angekommen nehmen Johanna und Max auf der einen Seite Platz, Max' Papa setzt sich mit Rudi auf die andere Seite.

„Für das Klauen des Bootes", beginnt Johanna wieder mit ihrer wichtig klingenden Stimme, „wird Herr Rudi für den Rest seines Lebens in das Kaninchengehege unter dem Leuchtturm der Kinderrechte gesperrt."

„Entschuldigung, aber das geht leider nicht. Mein Mandant ist noch ein Kind, wie sie hoffentlich gesehen haben. Und Kinder haben einen besonderen Schutz. Das steht auch in den Kinderrechten", sagt Papa. „Ich habe das hier mal rausgesucht: *Artikel 37: Die Vertragsstaaten stellen sicher, dass kein Kind der Folter oder einer anderen grausamen, unmenschlichen oder erniedrigenden Behandlung oder Strafe unterworfen wird. Für Straftaten, die von Personen vor Vollendung des achtzehnten Lebensjahres begangen worden sind, darf weder die Todesstrafe noch lebenslange Freiheitsstrafe […] verhängt werden; […] dass jedes Kind, dem die Freiheit entzogen ist, das Recht auf umgehenden Zugang zu einem rechtskundigen oder anderen geeigneten Beistand […] hat […].*"

Papa macht eine kurze Pause. Dann sagt er: „Mein Mandant ist ein Kind und deshalb muss Folgendes beachtet werden. Wenn er im Kaninchengehege liegen müsste, wäre das Folter und das ist verboten. Auch eine lebenslange Strafe ist nicht erlaubt. Außerdem habe ich die Verteidigung übernommen, was ja auch das Recht eines Kindes ist. Und ich plädiere für Freispruch; und dass Rudi alle Boote auf seinem Fahrrad transportieren muss. Das sollte als Strafe reichen."

„Okay, damit bin ich einverstanden. Max, was meinst du dazu?", fragt Johanna.

„Ich finde, das ist eine sehr gute Lösung. Freispruch für Rudi."

„Puh, ein Glück. Sonst hätte ich ja gar nicht mit euch zu den Teichen fahren und die Boote schwimmen lassen können. Also her mit den Booten. Ich stecke sie in meine Fahrradtaschen und dann kann es losgehen", ruft Rudi.

Und so machen sich die vier endlich auf den Weg zu den Teichen. Kurz vor der Abfahrt sagt Max noch: „Aber Papa, du machst dein Handy aus oder lässt es einfach hier, denn jetzt ist Kinderzeit!"

38
Kinder dürfen nicht in kriegerische Kämpfe einbezogen werden

Max, Rudi, Johanna und Max' Papa sind mit ihren Fahrrädern auf dem Weg zu den Weiden. Dort gibt es drei Teiche, auf denen sie ihre neuen Boote schwimmen lassen wollen. Im Dorf sind sie noch hintereinander gefahren, aber hier, wo kaum Verkehr herrscht, können sie auch nebeneinander radeln.

„Ich freue mich schon, wenn wir gleich da sind", sagt Max.

„Ich auch, dann können wir mal gucken, ob die Boote schwimmen", überlegt Johanna.

„Was meint ihr, ob die Figuren auf den Booten halten oder runterfallen werden?", fragt Rudi.

„Wenn sie runterfallen, wäre das echt doof. Die Figuren könnten untergehen und wir würden sie nicht aus dem Teich herausholen können", antwortet Max.

„Achtung, Kinder, wir müssen gleich links abbiegen und dann sind wir auch schon da", ruft Max' Papa. Sie fahren in einen schmalen Weg und stellen ihre Räder an der Seite ab. Jetzt müssen sie noch ein kleines Stück über die Wiese laufen, dahinter liegen die Teiche. Die drei Freunde haben ihre Boote und die Spielfiguren in der Hand, denn Papa hatte gesagt: „Eine Testfahrt kann das Boot ja nicht alleine machen. Da muss mindestens ein Kapitän an Bord sein."

„Da sind wir! Hier können wir nun unsere Boote schwimmen lassen", zeigt Max Rudi und Johanna die Teiche, die die beiden noch gar nicht kennen. Max war schon öfter mit Papa hier. Im Sommer, als es besonders heiß war, sind sie ab und zu mal hierhergefahren und haben die Füße ins Wasser gehalten. So konnten sie sich ein bisschen abkühlen. „Aber heute müssen wir uns nicht abkühlen. Heute ist es ja nicht so heiß. Eigentlich ist es doch schade, dass nicht das ganze Jahr Sommer sein kann", überlegt Max.

Rudi greift nach seinem Boot und will es gerade ins Wasser schieben, da stoppt ihn Max' Papa. „Warte, wir knoten noch die Bänder an die Boote. Dafür habt ihr doch extra die Nägel dort befestigt. Dann können sie euch nicht wegschwimmen."

„Ach ja, das hätte ich fast vergessen. Gut, dass du mich daran erinnert hast. Sonst wäre das Boot vielleicht auf den Teich getrieben und ich hätte es nicht wiederbekommen."

„Ich habe ein Band an meinem Boot festgemacht und auch schon den Kapitän und drei Kinder mit darauf", sagt Johanna.

„Die Kinder haben das Glück, dass sie bei der ersten Fahrt dabei sein dürfen“, freut sie sich und lässt ihr Boot ins Wasser gleiten.

„Ich bin auch soweit“, ruft Max und schiebt sein Boot mit Kapitän und Kindern hinterher.

„Und hier kommt Nummer drei!“, schließt Rudi sich an, lässt sein Boot in die gleiche Richtung gleiten und läuft langsam am Ufer des Teiches entlang, damit das Boot auch richtig fahren kann. Max und Johanna kommen mit, und alle drei sind sehr stolz auf ihre Boote.

„Wie schön, die Boote schwimmen“, freut sich Johanna, und Max sagt: „Und wie gut, dass der Teich so ruhig ist. So fallen die Figuren nicht herunter.“

In dem Moment raschelt es auf einmal neben ihnen im Gebüsch. Alle drei erschrecken sich mächtig. „Was war denn das?“, fragt Rudi.

„Angriff!“, brüllt auf einmal eine Stimme, und aus den Büschen springen Elsa, Mohamed und Tina. Sie hatten bei Max angerufen und Max’ Mama hatte ihnen erzählt, dass die vier zu den Teichen gefahren sind. Sie haben ebenfalls Spielfiguren in den Händen und wollen die Boote entern.

„Wir sind Piraten und greifen euch an“, ruft Tina und bewirft die Boote auf dem Teich mit kleinen Steinchen. Elsa und Mohamed wollen auch gerade loslegen, da stellt Max sich ihnen in den Weg: „Stopp, das geht nicht. Deine Spielfiguren sind doch Kinder, die dürfen nicht bei Kämpfen mitmachen. Außerdem haben wir hier auch Kinder auf den Booten, die müssen vor Kämpfen geschützt werden. Da gibt es was in den Kinderrechten. Papa, hast du dein Handy dabei und kannst das nachgucken?"

„Wird gemacht!" Und schon sucht Papa den Artikel raus. „Hier haben wir es: *Artikel 38: [...] Die Vertragsstaaten treffen alle durchführbaren Maßnahmen, um sicherzustellen, dass Personen, die das fünfzehnte Lebensjahr noch nicht vollendet haben, nicht unmittelbar an Feindseligkeiten teilnehmen.*

Die Vertragsstaaten nehmen davon Abstand, Personen, die das fünfzehnte Lebensjahr noch nicht vollendet haben, zu ihren Streitkräften einzubeziehen. [...] die Vertragsstaaten [treffen] alle durchführbaren Maßnahmen, um sicherzustellen, dass von einem bewaffneten Konflikt betroffene Kinder geschützt und betreut werden.

Also stelle ich euch nun die Frage, ob eure Kinder älter als 15 Jahre sind?"

Tina, Elsa und Mohamed schauen sich ihre Figuren an und Mohamed verneint die Frage: „Nee, natürlich nicht. Die sind doch so alt wie wir."

„Siehst du, Mohamed, also dürfen die Kinder nicht bei bewaffneten Kämpfen mitmachen. Das ist verboten“, schlussfolgert Elsa.

„Und deswegen dürfen wir auch nicht weiter eure Boote angreifen“, ergänzt Tina noch.

„Außerdem sind doch auf unseren Booten auch Kinder, und alle haben die Pflicht, diese vor Kriegen zu schützen. Und somit heißt es ab sofort: Keine Steinchen mehr auf die Boote werfen!“, bestimmt Rudi.

„Na gut, hiermit sind die Kämpfe um die Boote eingestellt. Dürfen wir denn wenigstens mitfahren?“, fragt Tina.

„Na klar!“, ruft Max und zieht sein Boot an Land. So kann Tina ihre Figuren auf sein Boot setzen. Johanna nimmt die Figuren von Mohamed und Rudi die von Elsa mit auf sein Boot. Gemeinsam gehen sie alle um den Teich herum und schauen, wie schön die Boote schwimmen. „Wenn wir wieder zu Hause sind, könntet ihr euch auch Boote bauen. Wir haben noch genug Holz in der Werkstatt.“

„Eigentlich dürfte es doch nirgendwo auf der Welt Kämpfe geben“, überlegt Mohamed.

„Wie meinst du das?“, fragt Johanna. „Na, denkt doch mal nach. Auf der ganzen Welt gibt es doch Kinder, die jünger als 15 Jahre alt sind, und die müssen unbedingt vor Kämpfen geschützt werden.“

„Stimmt!“, sagt Elsa. „Also müssen wir uns dafür einsetzen, dass es nie wieder Krieg auf der Welt gibt!“

„Dann zeigen wir dem Krieg und Hass die rote Karte“, antwortet Tina.

„Ja, rote Karte für Kindersoldaten, rote Karte für Hass und Krieg!“, rufen alle Kinder gemeinsam.

39
Dein Recht auf Hilfe, wenn dir etwas Schlimmes passiert

Nachdem alle gemeinsam Zeit an den Teichen verbracht haben, sitzen die sechs Freunde zusammen bei Max auf dem Leuchtturm und spielen wieder mit ihren Figuren.

„Das war echt knapp vorhin am Teich. Fast hätten wir eure Boote überfallen und versenkt“, sagt Mohamed.

„Ja, aber zum Glück hat Max so schnell reagiert“, entgegnet Rudi.

„Ich wäre echt sauer gewesen, wenn meine Spielfiguren in den See gefallen wären. Die hätte ich ja nie wiederbekommen“, meint Johanna.

„Und dabei wollten wir doch gar nichts Böses, wir wollten euch doch nur ein bisschen erschrecken“, entschuldigt sich Tina, nimmt ihr Glas und trinkt erstmal einen großen Schluck Holunderblütenlimonade.

Max nimmt sein Glas und stößt es an das Glas von Tina. „Prost! Ist ja nichts passiert.“

Tina lächelt Max an. Sie denkt an das, was Mohamed vorhin gesagt hat und fragt: „Wie ist das eigentlich? Ich meine, es gibt doch Länder, in denen Krieg herrscht und in denen auch Kinder sind. Das ist doch nicht gut für Kinder.“

„Hm, das weiß ich auch nicht. Die Kinder können sich ja gar nicht gegen Kriege wehren“, überlegt Elsa.

Auf dem Leuchtturm entsteht Stille. Keiner weiß irgendetwas zu sagen. Nur das Radio ist zu hören. Nach einem kleinen Moment klingelt das Dosentelefon. „Ja, hallo, wer ist da?“, fragt Max.

„Ich bin es, Mama. Ich wollte nur Bescheid sagen, dass ich von der Arbeit zurück bin. Habt ihr alles, was ihr braucht?“

„Ja, ja. Wir haben alles“, wimmelt Max Mama ab und will gerade das Dosentelefon wieder weglegen, da fällt ihm noch etwas ein. „Ähm, Mama. Sag doch mal, weißt du, wie das mit den Kindern ist, die schon mal in einem Krieg waren und denen es nicht mehr so gut geht?“

„Wie wäre es, wenn ihr darüber mit Papa sprecht? Er kennt sich einfach super mit den Kinderrechten aus. Soll ich ihn mal zu euch hochschicken?“

„Ja, wir würden das nämlich gerne wissen.“

„Okay“, sagt Max' Mama und legt das Dosentelefon beiseite. Max hängt das Dosentelefon an den Haken und erklärt seinen Freunden: „Gleich kommt Papa. Er kann uns bestimmt mehr dazu erzählen. Möchte noch jemand was trinken?“

Max stellt noch ein paar Gläser auf den Tisch und gießt für alle, die noch nichts zu trinken haben, Sirup und Wasser ein. Gerade, als er fertig ist, kommt Papa schon.

„Na, und ihr wollt wissen, wie das mit Kindern ist, die schlimme Erfahrungen gemacht haben?“

„Ja, zum Beispiel, wenn sie im Krieg waren“, sagt Rudi.

„Es gibt da den Artikel 39 in den Kinderrechten. In diesem geht es darum, wie Kinder unterstützt werden sollen, wenn ihnen etwas Schlimmes passiert ist. Wenn sie im Krieg waren oder wenn sie vernachlässigt wurden. Ich lese euch den mal vor: *Artikel 39: Die Vertragsstaaten treffen alle geeigneten Maßnahmen, um die physische und psychische Genesung und die soziale Wiedereingliederung eines Kindes zu fördern, das Opfer irgendeiner Form von Vernachlässigung, Ausbeutung oder Misshandlung, Folter oder einer anderen Form grausamer, unmenschlicher oder erniedrigender Behandlung oder Strafe oder aber bewaffneter Konflikte geworden ist. Die Genesung und Wiedereingliederung müssen in einer Umgebung stattfinden, die der Gesundheit, der Selbstachtung und der Würde des Kindes förderlich ist.*

Man kann auch sagen, der Staat muss den Kindern helfen, wieder ein normales Leben führen zu können. Die Kinder brauchen Unterstützung, um alles, was sie erlebt haben, gut verarbeiten zu können und nicht mehr schlimme Träume oder Angst haben zu müssen.“

„Und das geht natürlich nur dort, wo die Kinder geschützt sind und in Frieden leben können“, hat Mohamed verstanden.

„Genau! In einem geschützten Raum. Weit weg von den Kriegen und den Menschen, die den Kindern Böses angetan haben“, sagt Johanna.

„Also in einem Raum wie dem Leuchtturm der Kinderrechte. Wo alles so gemacht wird, dass Kinder sich wohlfühlen und es ihnen gut geht“, ergänzt Tina.

„Aber es gibt auch andere Orte, wo die Kinder hingehen können. Das hat uns Herr Paragraf vom Kinderschutzbund erklärt. Kinder können sich auch beim Kinderschutzbund melden, wenn es ihnen schlecht geht. Oder wenn sie mal mit jemandem reden wollen, weil sie Sorgen habe. Da gibt es die ‚Nummer gegen Kummer‘“, erzählt Max und Tina ergänzt noch: „Stimmt, das ist eine ganz wichtige Telefonnummer. Die sollten alle Kinder kennen. Oder man geht zu anderen Einrichtungen, die für Kinder da sind. Ich wohne doch jetzt im SOS-Kinderdorf. Da bin ich, weil sich meine Eltern nicht um mich gekümmert haben. Die haben mich total vernachlässigt. Aber im Kinderdorf fühle ich mich richtig wohl!“

„Zum Glück gibt es solche Orte, wo Kinder wohnen können, wenn sie zu Hause nicht gut aufgehoben sind“, sagt Elsa.

„Und genau so ein Ort ist eben auch hier bei Max. Im Garten der Kinderrechte, auf dem Leuchtturm der Kinderrechte. Hier wird alles so gemacht, wie es für die Kinder am besten ist“, findet Rudi.

40
Dein Recht auf eine faire Behandlung, wenn du vor Gericht stehst

Max, Rudi, Tina und Johanna haben sich verabredet. Gemeinsam sitzen sie auf dem Leuchtturm und überlegen, was sie heute machen wollen. Es regnet und kalt ist es auch. Da macht es keinen Spaß, draußen zu spielen. Gemeinsam schauen sie aus dem Fenster in den Garten. Die Bäume haben keine Blätter mehr und auch die Pflanzen sehen sehr traurig aus. So langsam hat sich der Winter breit gemacht. Aber anstatt Schnee fällt heute eben nur Regen.

„Zum Glück können wir es uns hier auf dem Leuchtturm gemütlich machen“, findet Tina.

„Es wäre echt doof gewesen, wenn wir im Winter nicht hierher gekonnt hätten. Aber Papa hat hier ja zum Glück eine Heizung eingebaut“, sagt Max.

„Was wollen wir denn jetzt machen?“, fragt Rudi.

„Vielleicht können wir wieder Räuber und Polizist spielen. Was haltet ihr davon?“, fragt Johanna.

„Aber es ist nicht so leicht, sich hier oben zu jagen“, überlegt Max und muss ein bisschen dabei kichern, denn er stellt es sich direkt vor.

„Stimmt, das könnte etwas komisch werden“, antwortet Johanna.

Alle vier schauen aus dem Fenster. Der Regen wird immer stärker, und auch der Wind nimmt zu. Die Kinder können sehen, wie sich die Büsche im Wind bewegen und wie der Regen von links nach rechts gepustet wird. Max setzt sich an den Tisch. „Hm, irgendwie ist es ganz schön blöd, wenn wir nicht draußen spielen können."

„Du hast recht. Irgendetwas muss hier mal passieren", sagt Tina.

In dem Moment wedelt Rudi auf einmal mit einer seiner Spielfiguren. Er hält sie so, dass es aussieht, als hätte sie Max' Flummi in der Hand.

„Hey, das ist mein Flummi. Gib den sofort wieder her", beschwert sich Max.

„Dazu musst du mich erstmal erwischen. Aber nur mit den Spielfiguren!", ruft Rudi.

Tina, Johanna und Max nehmen ihre Figuren und haben in kürzester Zeit Rudis Figur gefangen.

„Och Mist, das ging etwas zu schnell", stöhnt Rudi.

„Egal, deine Spielfigur muss vor Gericht, denn sie wird des Diebstahls bezichtigt", verkündet Johanna wichtig mit ihrer Richterinnen-Stimme.

„Och nö, nicht schon wieder. Ich wollte doch gar nichts klauen. Ich wollte doch nur einen Spaß machen", erklärt Rudi. „Außerdem habe ich einen Anspruch auf einen Anwalt. Das weiß ich ja mittlerweile. Und den rufe ich jetzt an." Rudi nimmt das Dosentelefon in die eine Hand und zieht mit der anderen Hand an der Klingelleitung, die bis ins Haus führt.

„Hallo, Max, was ist denn los?“, hört Rudi die Stimme von Max' Papa.

„Ich bin es, Rudi. Ich soll hier im Leuchtturm vor Gericht, und ich brauche wieder einen Anwalt. Hast du Zeit und kannst mir helfen?“

„Da hast du aber Glück. Ich bin gerade mit meinen Sachen fertig. Ich komme zu euch“, antwortet Max' Papa.

„Mein Anwalt ist schon unterwegs und wird sich gleich um den Fall kümmern“, sagt Rudi und grinst dabei die anderen drei an.

Es dauert einen kleinen Moment, und Max' Papa klettert auf den Leuchtturm.

„Na, ihr vier, was ist denn hier los?“, fragt er.

„Rudis Spielfigur hat meinen Flummi geklaut und nun muss er sich vor Gericht dafür verantworten oder wie das heißt. Auf jeden Fall muss das geklärt werden“, erzählt Max.

„Also, Herr Rudi. Sie haben den Flummi von Max Vogel geklaut und müssen dafür eine Strafe bekommen. So ist das nun mal“, leitet Johanna die Gerichtsverhandlung ein.

„Moment mal, ich bin der Anwalt von Rudi, und ich muss mich mit meinem Mandanten besprechen. Dann sehen wir weiter“, beschließt Max' Papa.

Die beiden setzen sich an die Seite und flüstern irgendetwas. Leider können Max, Johanna und Tina das nicht verstehen, denn Max' Papa hat die Musik extra etwas lauter gedreht. Nach einem kleinen Augenblick dreht er sie wieder leiser und sagt: „Ich bin für einen Freispruch meines Mandanten", und das verkündet er mit einer ganz wichtigen Stimme. „Laut Artikel 40 der Kinderrechte gilt jedes Kind erstmal als unschuldig, bis gegebenenfalls seine Schuld bewiesen ist. Und das ist sie ja noch lange nicht."

„Na, diesen Artikel 40 würde ich aber gerne mal sehen. Was steht denn darin?", fragt Tina.

„Oh, der ist sehr lang, aber ich kann ihn gerne vorlesen", schlägt Max' Papa vor und beginnt: *„Artikel 40: Die Vertragsstaaten erkennen das Recht jedes Kindes an, das der Verletzung der Strafgesetze verdächtigt, beschuldigt oder überführt wird, in einer Weise behandelt zu werden, die das Gefühl des Kindes für die eigene Würde und den eigenen Wert fördert, seine Achtung vor den Menschenrechten und Grundfreiheiten anderer stärkt und das Alter des Kindes sowie die Notwendigkeit berücksichtigt, seine soziale Wiedereingliederung sowie die Übernahme einer konstruktiven Rolle in der Gesellschaft durch das Kind zu fördern. Zu diesem Zweck stellen die Vertragsstaaten [...] sicher, dass kein Kind wegen Handlungen oder Unterlassungen, die zur Zeit ihrer Begehung nach* *innerstaatlichem Recht oder Völkerrecht nicht verboten waren, der Verletzung der Strafgesetze verdächtigt, beschuldigt oder überführt wird; dass jedes Kind, das einer Verletzung der Strafgesetze verdächtigt oder beschuldigt wird, Anspruch auf folgende Mindestgarantien hat: bis zum gesetzlichen Nachweis der Schuld als unschuldig zu gelten, unverzüglich und unmittelbar über die gegen das Kind erhobenen Beschuldigungen unterrichtet zu werden, gegebenenfalls durch seine Eltern oder seinen Vormund, und einen rechtskundigen oder anderen Beistand zur Vorbereitung und Wahrnehmung seiner Verteidigung zu erhalten, seine ...“*

„Das reicht!“, rufen Max und Tina gleichzeitig und schauen sich dabei genervt an.

„Jetzt erzähl mal, was das alles heißen soll, aber so, dass wir das auch verstehen“, sagt Tina.

„Also, Folgendes“, erklärt Papa, „Rudis Spielfigur gilt erstmal als unschuldig. Und zwar so lange, bis ihr als Gericht das Gegenteil bewiesen habt. Außerdem hat Rudi das Recht, über seine Anschuldigungen informiert zu werden, und er darf von einem Menschen vertreten werden, der sich mit den Rechten auskennt. Es stehen noch eine ganze Menge weiterer Dinge in diesem Artikel, z.B. dass Kinder nicht zu Aussagen gezwungen werden dürfen, und dass es ein Mindestalter geben soll, ab wann Kinder überhaupt erst verurteilt werden dürfen. Und so weiter. Also, der Artikel ist wirklich sehr lang."

„Puh, ist das kompliziert. Also, Rudi, willst du etwas zu deiner Verteidigung sagen?", fragt Johanna.

„Ja, ich wollte gar nichts klauen, sondern einfach nur einen Spaß machen, und ich glaube, das habe ich auch geschafft. Immerhin wussten wir, was wir hier spielen können", lacht Rudi.

„Das glaube ich auch", grinst Tina. „Ich wäre für einen Freispruch von Rudi."

„Und ich schließe mich dem Antrag von Tina an", sagt Max.

„Ich sowieso", ergänzt Max' Papa.

„Na, dann gilt folgendes Urteil", verkündet Johanna mit ihrer Richterinnen-Stimme: „Freispruch für Rudi und seine Spielfigur, denn diese ist auch noch ein Kind. Wie wäre es denn, wenn wir erstmal etwas trinken und Kekse essen?"

„Super Idee, Frau Richterin. Ich hole alles", freut sich Max. „Papa, kannst du bitte die Heizung höher drehen? Hier wird es langsam etwas kühl."

„Mach ich und dann geh ich wieder ins Haus. Ich habe noch was zu tun."

„Ein Glück, bleiben mehr Kekse für uns übrig", feixt Tina, als Max' Papa gerade gehen will.

„Na warte, ich schnapp mir doch schnell einen", ruft er, nimmt sich einen Keks und verschwindet durch die Tür.

„Mensch Max, das macht immer richtig Spaß mit deinem Papa", freut sich Johanna und Max sagt: „Er ist eben der beste Papa der Welt!"

41
Die Kinderrechte in deinem Land

Max' Papa hatte sich überlegt, dass sie ans Meer fahren könnten. Immerhin haben sie im Garten den Leuchtturm der Kinderrechte stehen. Eigentlich befinden sich Leuchttürme ja am Meer, um den Schiffen den Weg zu zeigen. Max hat so einen Leuchtturm aber noch nie gesehen. Am liebsten hätte Max seine Freunde mitgenommen. Aber Papa wollte gerne einen Familienausflug unternehmen. Sie haben sich ins Auto gesetzt und sind mehr als eine Stunde lang über Landstraßen und Autobahnen gefahren. Langweilig! Aber irgendwann sagte Papa: „Da, auf den Parkplatz, da fahre ich jetzt rauf. Und dann sind wir auch schon da." Max hatte es gar nicht so richtig mitbekommen, dass sie schon am Meer angekommen waren. Wenn man es ganz genau nimmt, hatte Max nämlich ein bisschen geschlafen und ist bei der Ankunft plötzlich aufgewacht.

„Und, wo ist der Leuchtturm?", fragt Max.

„Hast du den eben nicht gesehen? Wir sind doch direkt daran vorbeigekommen. Leider ist dort kein Parkplatz. Darum sind wir weitergefahren. Wir müssen also gleich noch ein kleines Stück zurücklaufen", antwortet Mama.

„Aber das macht nichts. Wir können ja einfach am Strand entlanggehen. Dann kommen wir direkt dorthin", sagt Papa.

Er schaltet den Motor aus und alle drei steigen aus dem Auto.

„Können wir ans Wasser?“, fragt Max.

„Na klar! Los geht's!“, ruft Papa. Die drei gehen über den Parkplatz, den kleinen Weg entlang, über eine Straße und rüber über den Deich ans Meer. Mama, Papa und Max laufen bis an das Wasser heran. Sie haben sich extra Gummistiefel angezogen. Wenn eine Welle kommt, werden die Füße nicht nass.

„Papa, guck mal. Der Leuchtturm steht ja gar nicht direkt am Wasser. Der ist ja oben auf dem Deich gebaut.“

„Das wird extra so gemacht. Dann wird er nicht von den Wellen freigespült und außerdem steht er so etwas höher und kann noch besser gesehen werden.“

„Wenn es nachher dunkel wird, geht in dem Leuchtturm ein Licht an. Das dreht sich immer im Kreis, und so wird den Schiffen angezeigt, dass sie hier nicht näher heranfahren dürfen“, erklärt Mama.

Max, Mama und Papa gehen immer weiter am Strand entlang, bis sie schließlich beim Leuchtturm angekommen sind. Leider kann man ihn nicht von innen anschauen. Heute ist kein Besichtigungstag. Aber wie er da so vor Max steht, ist er schon sehr beeindruckend.

„Mensch, Papa, der ist echt riesig und mächtig. Der hält bestimmt eine Menge aus. Ich denke, da drin fühlen sich die Menschen super sicher."

„Bestimmt. Aber dieser Leuchtturm ist ein bisschen anders als dein Leuchtturm zu Hause. Hier drinnen ist kein Platz zum Spielen. Dafür ist er zu klein. Er ist eben für die Sicherheit der Seeleute da."

„Und mein Leuchtturm ist für die Sicherheit der Kinder da! Ist ja auch der Leuchtturm der Kinderrechte. Was meint ihr, sollen wir uns auch so einen echten Leuchtturm in den Garten stellen?", fragt Max. „Ich meine, der ist doch richtig massiv und gibt ja auch extra Schutz."

„Das macht eigentlich keinen Sinn", überlegt Papa. „Das ist wie mit den Kinderrechten. Wenn es in einem Land schon gute Rechte und Gesetze für Kinder gibt und die besser sind für die Kinder als die Kinderrechte, sollen die besseren Gesetze und Rechte für die Kinder gelten. Pass auf, das steht hier in den Kinderrechten: *Artikel 41: Dieses Übereinkommen lässt zur Verwirklichung der Rechte des Kindes besser geeignete Bestimmungen unberührt, die enthalten sind im Recht eines Vertragsstaates oder in dem für diesen Staat geltenden Völkerrecht*", liest Papa.

„Gibt es denn Länder, in denen die Gesetze und Rechte für die Kinder besser sind als die in den Kinderrechten?", fragt Max.

„Das weiß ich nicht. Aber es macht dann ja Sinn, diese anzuwenden", sagt Papa und Mama ergänzt noch: „Spezialisten müssen herausfinden, welche Rechte in einem Land besser sind."

„Ich würde mal behaupten, dass mein Leuchtturm der Kinderrechte besser für uns geeignet ist als ein richtiger Leuchtturm, in dem gar nicht so viel Platz zum Spielen hätten."

„Das denke ich auch", stimmt Papa zu. Er nimmt seinen vollgepackten Rucksack vom Rücken, stellt ihn in den Sand und beginnt, ihn auszupacken. Als erstes breitet er eine Decke aus. „Jetzt können wir uns mal hinsetzen", sagt er und lässt sich auf die Decke fallen. Dann nimmt Papa noch Schaufeln aus dem Rucksack und schlägt vor: „Kommt, wir bauen uns eine Festung. Eine Sandburg, die uns vor allem schützt, was nicht gut für uns ist."

„Au ja, mit einem dicken Graben rundherum und einem Aussichtsturm. Da können die Wachen stehen und Ausschau halten", sagt Max.

Mama, Papa und Max bauen gemeinsam an ihrer Sandburg. Sie schaufeln einen dicken Burggraben, und den Sand aus dem Graben werfen sie in die Mitte. Daraus formen sie die Burg. Eine richtige Festung! Als sie mit dem Bauen fertig sind, läuft Max am Strand herum und sucht Muscheln und Steinchen, die sie noch als Dekoration an die Sandburg stecken können.

„Papa, ich glaube, wir haben nicht so richtig gut aufgepasst. Das Wasser kommt immer näher an unsere Burg heran."

„Ich habe das auch schon gesehen. Wir haben nicht daran gedacht, dass es hier Ebbe und Flut gibt. Und jetzt kommt die Flut", erklärt Papa.

Die Wellen reichen immer dichter an die Burg heran und dann ist es auch schon passiert. Eine Welle ist über den Burggraben geschwappt und hat sie ein wenig beschädigt. Kurz danach folgt auch schon die nächste Welle und immer wieder eine, bis irgendwann die Wellen so stark geworden sind, dass von der Sandburg leider nichts mehr übrig ist.

„Guck mal, Papa, jetzt ist die ganze Burg weggespült", sagt Max.

„Wir hätten besser aufpassen müssen", antwortet Papa.

42
Alle sollen die Kinderrechte kennen

Max und Papa stehen im Garten und betrachten, was sie hier in der letzten Zeit alles verändert haben und wie sich der Garten in den Garten der Kinderrechte verwandelt hat. Alles fing damit an, dass Max einen Kletterturm bekommen sollte, den Max und Papa gemeinsam gebaut haben. Mit der Zeit wurde der Turm zum Leuchtturm der Kinderrechte. Also ein großes Zeichen dafür, dass bei Max immer auf die Einhaltung der Kinderrechte geachtet wird. Einige Zeit später haben Max und Papa Nisthilfen für die Vögel gebaut und aufgehängt. Außerdem haben sie ein neues Tor zum Fußballspielen gebastelt. Nach und nach wurde der Leuchtturm immer weiter verändert. Mittlerweile können die Kinder dort auch im Winter gut spielen. Unter dem Leuchtturm ist das Gehege für Hermann und Claus. Da können die Kaninchen aber nur im Sommer rein. Für den Winter wurde ja noch ein Stall im Schuppen neben der Werkstatt aufgestellt.

„Mensch, Papa", sagt Max, „wenn ich mich hier so umschaue, haben wir ganz schön viel geschafft in unserem Garten."

„Das stimmt!“, bestätigt Papa. „Und das haben wir alles gemeinsam gemacht oder sogar mit deinen Freunden zusammen.“

„Vergiss nicht Opa“, erinnert Max Papa. „Der hat mir gezeigt, wie ich die Vogelhäuschen bauen kann.“

„Da hast du recht …“, beginnt Papa seinen Satz.

„Na klar habe ich recht“, fällt Max ihm ins Wort. „Das ist doch der Garten der Kinderrechte. Also haben Kinder hier immer recht“, meint Max, hält sich die Hand vor den Mund und kichert leise in sich hinein.

„Naja, es gibt schon einen kleinen Unterschied zwischen recht haben und Rechte haben“, sagt Papa.

„Ich weiß. Das eine ist, wenn ich etwas richtig weiß und dir das richtig erklären kann. Dann habe ich recht. Und Rechte haben bedeutet, dass alle Kinder die Kinderrechte haben. Die sind einfach festgelegt. Und das ist auch gut so“, antwortet Max.

„Genau! Und die darf euch Kindern niemand einfach wegnehmen oder …“, will Papa fortfahren, aber wird dabei von Johanna unterbrochen, die seinen Satz weiterführt: „Oder sich nicht daranhalten. Dann ist das gegen die Kinderrechte und eben auch gegen das Gesetz.“

„Hallo Johanna! Du bist ja schon da!“, freut sich Max, als er Johanna sieht.

„Ja, ich habe meine Hausaufgaben schon fertig. Außerdem ist morgen Wochenende und eh keine Schule. Also bin ich einfach früher gekommen."

„Na, ihr zwei, spielt mal schön. Ich muss rein und was vorbereiten", erklärt Papa und geht ins Haus.

„Gehen wir auf den Leuchtturm?", fragt Max.

„Gerne, aber ich weiß nicht, ob wir da alle reinpassen", überlegt Johanna und hält sich ganz schnell die Hand vor den Mund, denn fast hätte sie sich verplappert.

Zum Glück hat Max das gar nicht richtig mitbekommen und klettert schon auf den Leuchtturm. Johanna läuft hinterher. Als Max sich gerade hinsetzen will, klingelt das Dosentelefon: „Hallo Max, wir kommen zu euch in den Garten", hört er auf einmal Rudi sagen.

„Hä, wer ist denn wir?", stutzt Max, aber er bekommt keine Antwort, denn in diesem Augenblick sieht er schon, wie Rudi, Tina, Mohamed, Lian und Elsa in den Garten laufen.

„Hallo, wir sind hier oben. Kommt doch mit auf den Leuchtturm", winkt Max sie heran. Aber das wollen die Freunde gar nicht. Denn außer den Kindern sind auch alle Eltern mit dabei. Alle haben etwas in den Händen. Max ist total verwirrt.

„Habe ich irgendwas nicht mitbekommen?", fragt er ganz laut.

„Das sieht so aus“, sagt Max’ Papa und grinst ihn an. „Kommt doch mal runter. Wir brauchen jede helfende Hand.“

Alle bauen Tische und Bänke auf, legen Holzbretter und Farben auf die Tische, verteilen Pinsel und Wasser, Lappen und alte Zeitungen.

„Papa, was ist denn los? Was habt ihr denn vor? Und warum weiß ich davon gar nichts?“, fragt Max.

„Das ist eine Überraschung. Du wolltest doch immer alles über die Kinderrechte wissen, und du wolltest auch gerne, dass alle anderen Kinder mehr über die Kinderrechte erfahren. Stimmts?“, hakt Papa nach.

„Ja!“, antwortet Max. „Und deswegen machen wir heute ein Kinderrechtefest. Heute ist nämlich der 20. November und das ist der Tag der Kinderrechte.“

„Aber was wollen wir mit den Farben und den Brettern?“, will Max wissen.

„Ach, Max“, seufzt Tina. „Natürlich die Kinderrechte aufschreiben und aufmalen. Wenn alles fertig ist, können wir die Bretter in der Schule und im Kindergarten ausstellen.“

„Und auch im Rathaus. Das hat mir unsere Bürgermeisterin versprochen“, fügt Mohamed noch hinzu.

Elsa ergänzt: „Es ist nämlich so, dass alle Kinder das Recht haben, die Kinderrechte zu kennen.“

„Stimmt“, sagt Papa. *„Artikel 42: Die Vertragsstaaten verpflichten sich, die Grundsätze und Bestimmungen* *dieses Übereinkommens durch geeignete und wirksame Maßnahmen bei Erwachsenen und auch bei Kindern allgemein bekannt zu machen"*, liest Papa vor.

„Aha! Und weil wir hier in unserem Garten der Vertragsstaat sind, müssen wir uns jetzt darum kümmern, dass alle, die hier wohnen, auch die Kinderrechte lernen und verstehen", schlussfolgert Max.

„Genau! Am besten nicht nur alle, die hier wohnen, sondern noch ganz viele andere Kinder und Erwachsene aus unserer Siedlung", wünscht sich Johanna.

„Und während ihr die Kinderrechte als Bilder und Schrift auf die Bretter bringt, bereiten wir Erwachsenen noch was vor. Max, warte ab und lass dich überraschen", schmunzelt Papa und geht zu den anderen Eltern, die mittlerweile alle im Garten eingetroffen sind. Damit schon ein bisschen Feststimmung herrscht, hat Papa die Musikanlage aufgestellt und angeschaltet.

Die Freunde malen und schreiben. Einige Erwachsene helfen den Kindern, die Plakate für die Kinderrechte-Ausstellung herzustellen. Zwischendurch wird auch mal eine Pause gemacht, aber alle helfen tatkräftig mit.

Am Abend ist alles fertig. Alle Bilder sind gemalt und auch die Erwachsenen haben alles vorbereitet. Sie haben eine Feuerstelle im Garten eigerichtet. Jetzt wird sie eingeweiht. Über die Feuerstelle hängt Papa noch ein Grillrost. Die anderen Erwachsenen bringen Salate, Brote und Getränke und stellen sie auf die mittlerweile freien Tische. Ganz schnell werden noch ein paar Lichterketten und Lampen im Garten aufgehängt. Dann wird das Feuer angezündet.

„Das Fest zum Tag der Kinderrechte ist eröffnet!“, verkündet Rudis Papa.

„Auf die Kinderrechte“, ruft Max und hält sein Glas in die Luft.

„Auf die Kinderrechte und auf dich, Max. Du hast uns ja erst darauf gebracht, uns mit den Kinderrechten zu beschäftigen“, flüstert Papa Max ins Ohr.

Max schaut Papa an und nimmt ihn ganz fest in die Arme. „Danke Papa, dass du uns die Kinderrechte immer so gut erklärt hast. Hoffentlich gibt es noch ganz viele solche Papas auf der Welt. Dann wissen bald alle Kinder, dass sie Rechte haben“, sagt Max und schaut Papa dabei an. Er nimmt Max auf den Arm und gibt ihm einen dicken Kuss auf die Stirn. Max gibt Papa auch einen Kuss auf die Stirn und beschließt: „Wir sind das beste Team auf der ganzen Welt!“

Weitere Titel von Florian Müller

Seid dabei! Kinder haben Rechte! 14 Kinderlieder zu Kinderrechten.
Gesamtspielzeit: ca. 39 min

Aus dem Inhalt: Seid dabei! Wann bin ich ein Kind? (Artikel 1), Wir sind alle ganz verschieden (Artikel 2), Alles, was wir für euch tun (Artikel 3), Wir meinen es ernst mit den Kinderrechten (Artikel 4), Du bist einzigartig (Artikel 8), Mama und Papa (Artikel 9), Kinder fragen (Artikel 12), Wir sind hier (Artikel 15), Wir sind unschlagbar (Artikel 19), Fremder (Artikel 22/23), Schule geht los (Artikel 28), Kinderrechte

Florian Müller
Liederbuch

76 Seiten
Softcover, Format 21 x 29,7 cm
10,90 Euro
ISBN 978-3-95494-212-1

Liederbuch zu den CDs „Alle Leinen Los", „Mädchenkram … mit Tüdelüt und Schleife dran", sowie zu den musikalischen Bilderbüchern „Max und Martin" und „Max und die Kinderrechte".

Wilko Jäger

Sagen und Geschichten aus dem Teufelsmoor, Bd. 1 + 2

je 112 S., je 12,90 Euro
ISBN 978-3-95494-256-5
ISBN 978-3-95494-257-2

»Die vorliegenden Sagen und Geschichten aus alter Zeit basieren zum Teil auf mündlichen Überlieferungen, finden sich aber auch in heimatkundlichem Schriftgut wieder.

Über mehrere Jahre trug ich sie zusammen, verfasste und ergänzte die Sagen und Geschichten in meinem eigenen Schreibstil neu, hoffentlich entsprechend anregend und unterhaltsam. Sagen sind ortsgebunden und damit ein geheimnisvoller Schlüsssel zum Zugang in die Heimatgeschichte.«

Almuth Quehl

Sagen und Geschichten aus dem Landkreis Rotenburg/ Wümme

112 S., 12,90 Euro
ISBN 978-3-95494-197-1

»Lesenswert ist dieses Buch, denn es gibt einen nachhaltigen Einblick in das Leben auf dem Lande in früheren Zeiten und zeigt, warum es in unserer Region immer noch so lebenswert ist.«

Udo Fischer
Geschäftsführer des Touristikverbandes Landkreis Rotenburg (Wümme) e.V.

Aus dem Inhalt:
Das Ross vom Bullensee, Die Zaumreiterin von Kalbe, Die Visselquellensage, Der Heilquell bei Freyersen, Die Gründung der Kirche in Wilstedt, Der Steineklau in Brockel, Das Schwein von Lauenbrück, Der Kirchbau zu Groß-Sittensen und der Teufel, Die Goldkuhle beim Großen Loh in Westervesede, Die unbeerdigten Mädchen von Hetzwege, Die Mühle zu Scheeßel, Greet von Ahausen, Die Schäfereiche in Bremervörde

Heike Bloom
Karin Sohnemann

Sagen und Geschichten aus der Lüneburger Heide

128 S., 14,90 Euro
ISBN 978-3-95494-254-1

Die Autorinnen haben aus allen Teilen der Lüneburger Heide Sagen und Geschichten gesammelt, die in diesem Buch neu erzählt werden.

»Ein kurzweiliges Buch mit Kurzgeschichten, wie man sie heute auch wieder für Besonderheiten in der Heide neu entdeckt hat. Geschichten, die die Fantasie der Leser beflügelt.«

Mathias Zimmermann
(Geschäftsführer VNP)

Weitere Titel von Florian Müller

Florian Müller

Max und die Laute

Eine musikalische Geschichte mit Illustrationen von Juan Palacio

32 Seiten, mit CD
Softcover, Format 20 x 20 cm
10- Euro
ISBN 978-3-95494-110-0

Max und die Laute – die erste musikalische Geschichte vom Musikpädagogen und Kinderliedermacher Florian Müller. Im Mittelpunkt stehen eine Gitarre?
Eine Laute? Eine laute Gitarre? Das müssen Sie wohl selbst herausfinden!

Florian Müller

Max und Martin

Eine musikalische Geschichte mit Illustrationen von Juan Palacio

32 Seiten, mit CD
Softcover, Format 20 x 20 cm
10,- Euro
ISBN 978-3-95494-135-3

Max bereitet sich im Kindergarten auf das anstehende Laternelaufen vor. Ein Kindergartenfreund weiß, dass das etwas mit einem Martin zu tun hat. Was genau, weiß er aber nicht. Und so macht sich Max im zweiten Band auf die Suche nach der Antwort auf die Frage, warum wir Laternelaufen gehen.

»Man muss aufstehen und rausgehen, wenn man Neues erfahren und erleben will. Max und seine Eltern verhalten sich da beispielhaft. Recherche am heimischen PC, aber eben auch das Aufsuchen von Musikschule, Gitarrenbauer, Lautenspielerin und Konzert als Studium vor Ort... ›Max und die Laute‹ ist daher nicht nur eine musikalische Geschichte zum Lesen und Hören, sondern ein gelungener Einstieg in die Entdeckung der Musik und ihrer Instrumente. ... Der Veröffentlichung wären Nachfolger zu wünschen ...«

Christian Kühn - Kibum - BIS Oldenburg